MITTLERER SCHULABSCHLUSS

Abschluss-Prüfungsaufgaben mit Lösungen

2011

Deutsch

Berlin

2007–2010

STARK

ISBN 978-3-86668-333-4

Inhalt

Mittlerer Schulabschluss Berlin – Deutsch 2010

Jeweils im Herbst erscheinen die neuen Ausgaben
der Abschluss-Prüfungsaufgaben mit Lösungen.

Autorin:

Juliane Schumacher

Vorwort

Liebe Schülerin, lieber Schüler,

mit dem vorliegenden Buch kannst du dich zielsicher auf den **Mittleren Schulabschluss im Fach Deutsch** in Berlin vorbereiten.
Die **Original-Prüfungsaufgaben** aus den Jahren 2007–2010 bieten die Möglichkeit, unter Prüfungsbedingungen den Ernstfall ausgiebig zu üben.

Zu allen Aufgaben gibt es ausführliche **Lösungsvorschläge**, die dir zeigen, wie man die Aufgaben richtig und umfassend beantworten kann. Das heißt, dass auch andere Lösungen als die hier abgedruckten möglich sein können. Versuche stets, die Aufgaben zunächst **selbstständig** zu lösen und sieh nicht gleich in der Lösung nach.

Falls du nicht weiterkommst, helfen dir die grau markierten **Hinweise und Tipps** zur jeweiligen Lösung. Wenn du sie gelesen hast, solltest du unbedingt selbstständig weiterarbeiten. Am Schluss solltest du deine Lösung in jedem Fall mit der hier angebotenen Lösung vergleichen und deine eigenen Ergebnisse gegebenenfalls korrigieren oder ergänzen.

Ergänzend zu diesem Buch bietet dir der Band **Training MSA Deutsch Berlin (Best.-Nr. 111540)** weitere grundsätzliche Hinweise und vielseitige Übungen. Er ist ideal zur vertieften und langfristigen Vorbereitung auf alle Kompetenzbereiche und Aufgabenarten der Abschlussprüfung.

Sollten nach Erscheinen dieses Bandes noch wichtige Änderungen für den MSA von der Senatsverwaltung für Bildung, Wissenschaft und Forschung bekannt gegeben werden, findest du aktuelle Informationen dazu im Internet unter www.stark-verlag.de/info.asp?zentrale-pruefung-aktuell.

Der Stark Verlag und die Autoren wünschen dir nun viel Spaß bei der Vorbereitung und vor allem viel Erfolg in der Prüfung!

Hinweise und Tipps zur Prüfung

1. Warum gibt es den MSA?

Die Prüfung soll sicherstellen, dass die Bedingungen für den Erwerb des Mittleren Schulabschlusses an allen Berliner Schulen gleich sind. Da die Aufgaben zentral gestellt werden und von allen Schülerinnen und Schülern am selben Tag zur gleichen Zeit bearbeitet werden, ist gewährleistet, dass man überall die gleichen Leistungen bringen muss, um die Prüfung zu bestehen. So sind die Ergebnisse vergleichbar, und das ist ein Beitrag zur Gerechtigkeit.

2. Wie lange dauert die Prüfung?

Im Fach Deutsch dauert die Prüfung zum Mittleren Schulabschluss 180 Minuten, also drei Zeitstunden. Nicht eingerechnet wird die Zeit, die am Anfang nötig ist, um die Aufgaben zu verteilen.

3. Was wird eigentlich geprüft?

Geprüft werden alle Kompetenzbereiche des Deutschunterrichts (mit Ausnahme des Kompetenzbereichs Sprechen und Zuhören). Du musst also zeigen, dass du Texte verstehst, die du vorher noch nie gelesen hast, dass du sprachliche Phänomene kennst und richtig anwenden kannst (z. B. Haupt- und Nebensätze) und dass du in der Lage bist, zu einem gegebenen Thema einen überzeugenden Text zu schreiben.

4. Wie sehen die Aufgaben aus?

Es gibt drei Arten von Aufgaben, geschlossene, halboffene und offene.

- Es gibt verschiedene Arten von **geschlossenen Aufgaben**. In der Regel handelt es sich um Multiple-Choice-Aufgaben (Mehrfachwahlaufgaben), bei denen du aus einer Reihe von Aussagen jeweils die richtige ankreuzen musst.
- **Halboffene Aufgaben** verlangen von dir, dass du einzelne Fragen kurz und prägnant beantwortest.
- **Offene Aufgaben** sind Schreibaufgaben, d. h., du wirst aufgefordert, einen kompletten Text zu schreiben. In der Prüfung gibt es nur eine Schreibaufgabe, und zwar ganz am Schluss.

5. Wie ausführlich müssen die Antworten sein?

Bei geschlossenen Aufgaben genügt in der Regel ein Kreuz. Manchmal musst du auch eine bestimmte Information aufschreiben, z. B. einen Namen oder eine Zahl. Bei halboffenen Aufgaben schreibst du einen vollständigen Satz (es sei denn, du wirst ausdrücklich aufgefordert, nur Stichworte zu notieren). Und bei offenen Aufgaben musst du einen vollständigen Text schreiben (Richtschnur: 300 bis 500 Wörter).

6. Wird die Rechtschreibung auch bewertet?

Selbstverständlich wird die Rechtschreibung bewertet! Bei der Schreibaufgabe gibt es dafür eine bestimmte Punktzahl, die in die Bewertung eingeht. Berücksichtigt werden nicht nur die Rechtschreibung und Zeichensetzung, sondern auch die sprachliche Korrektheit.

7. Welche Hilfsmittel sind erlaubt?

Außer den Schreibgeräten (Stiften) darfst du nur ein Wörterbuch benutzen. Handys sind nicht erlaubt. Wenn du dein Handy nicht zu Hause lassen willst, musst du es vor Beginn der Prüfung auf das Lehrerpult legen. Sollte ein Schüler während der Prüfung mit einem Handy erwischt werden, wird das als Täuschungsversuch angesehen, und damit gilt der MSA automatisch als nicht bestanden.

8. Wie läuft die Prüfung ab?

Jeder Schüler und jede Schülerin bekommt einen Einzelplatz. Wenn alle Prüflinge ihren Platz eingenommen haben, werden die Aufgaben ausgeteilt. Das ist ein ganzes Paket (mehr als 20 Seiten). Danach beginnt die eigentliche Prüfungszeit: Nun bearbeitet jeder für sich nacheinander alle Aufgaben. Wer fertig ist, gibt ab und kann nach Hause gehen.

9. Wie gehst du am besten vor?

Am besten blätterst du das Paket mit den Prüfungsaufgaben am Anfang einmal kurz durch, um dir einen Überblick zu verschaffen. Du kannst davon ausgehen, dass die Texte, die die Grundlage für die Aufgaben bilden, zu einem bestimmten Themenkomplex gehören, z. B. zum Thema „Gerüche“ oder „Forscher und Entdecker“. Mache dich also auch mit dem Thema vertraut.
Danach bearbeitest du die einzelnen Aufgaben. Springe nicht hin und her, sondern beginne mit dem ersten Text und den entsprechenden Aufgaben. Arbeite so nach und nach das ganze Prüfungspaket durch. Aufgaben, die dir Kopfzerbrechen bereiten, überspringst du erst mal, damit du nicht unnötig Zeit

zuwenden = devote, give, bestow

verschwendest. Wenn du alle Aufgaben bearbeitet hast, kannst du dich noch einmal diesen Aufgaben zuwenden und versuchen, sie doch noch zu lösen. Versuche, dir deine Zeit gut einzuteilen. Gehe davon aus, dass du für die ersten Prüfungsteile (Aufgaben zum Textverstehen und zum Sprachwissen) ungefähr zwei Drittel der gesamten Prüfungszeit benötigst (also zwei Stunden). Für die Schreibaufgabe solltest du am Ende noch eine Stunde übrig haben.

10. Wie wird die Prüfung bewertet?

Neben jeder Aufgabe ist die Punktzahl, die man mit der richtigen Lösung erreichen kann, genau angegeben. Wenn du mit allen deinen Lösungen mindestens 60 Prozent der erreichbaren Gesamtpunktzahl erzielt hast, hast du die Prüfung mit der Note Ausreichend bestanden. Du musst es also schaffen, mehr etwas mehr als die Hälfte aller Aufgaben richtig zu lösen.

11. Kann man die Prüfung wiederholen, wenn man sie nicht bestanden hat?

Nein, das kannst du nicht. Wenn du nur in einem Fach die Prüfung nicht bestanden hast (z. B. in Mathematik), kannst du den MSA aber trotzdem schaffen, wenn das Ergebnis in einem anderen Fach mindestens mit Befriedigend bewertet worden ist. Allerdings müssen auch die Jahresnoten stimmen. Den MSA bekommt nämlich nur derjenige, der sowohl die Prüfung bestanden hat auch im Zeugnis den geforderten Notendurchschnitt erzielt hat. Genauere Informationen über die Bewertung der Prüfung kannst du im Internet nachlesen unter (http://www.berlin.de/sen/bildung/bildungswege/schulabschluesse/).

Befriedigend = satisfactory, satisfying, fair, adequate

1 Ein Riecher für den Richtigen

Der Körpergeruch hilft bei der Partnerwahl, das „richtige" Immunsystem[1] für den Nachwuchs zu erschnuppern.

Von Bas Kast

1 Wenn sich Claus Wedekind auf den Weg zu seinem Arbeitsplatz, der Universität Bern, macht, erwartet ihn schweißtreibende Arbeit. Denn der Schweizer Zoologe interessiert sich dafür, wie der Körpergeruch die vielleicht wichtigste Wahl in unserem Leben beeinflusst: die Partnerwahl.

5 In einem seiner Versuche ließ Wedekind 49 Biologie- und Psychologie-Studentinnen an T-Shirts von Studenten schnuppern. Die Studenten hatten die T-Shirts aus 100-prozentiger Baumwolle zuvor in zwei aufeinanderfolgenden Nächten getragen. Um die Studentinnen mental[2] auf den Versuch einzustimmen, hatte Wedekind ihnen allen ein Exemplar von Patrick Süskinds Roman „Das Parfum" 10 geschenkt. „Ich finde, das Buch hilft, sich seiner geruchlichen Sinne noch bewusster zu werden", sagt der Wissenschaftler. „Außerdem ist es ja immer gut, wenn das Ganze auch Spaß macht!" Und was bekamen die Männer? Strenge Auflagen: Sie mussten während der Experimentalphase – einem Sonntag und Montag – auf stark riechende Speisen, Zigaretten und Alkohol verzichten.

15 Dienstag war der Tag der Entscheidung. Wedekind legte den Studentinnen die eingesammelten T-Shirts zum großen Schnuppertest vor. Dann gab es Noten von 0 bis 10 – je nachdem, wie angenehm und sexy die Studentinnen den Geruch der T-Shirts empfanden. Zuvor hatte der Zoologe den Studentinnen und Studenten eine Blutprobe entnommen, um so winzige Strukturen ihres Immunsystems 20 zu bestimmen. Die Studentinnen hatten sechs T-Shirts zu bewerten. Drei der T-Shirts waren von Studenten, deren Immunstrukturen denen der jungen Frauen ähnelten, die drei anderen waren denen nicht ähnlich.

Das Resultat: Die jungen Frauen fanden nicht etwa die T-Shirts von Männern mit ähnlichem, sondern die mit unterschiedlichem Immunsystem angeneh-25 mer im Geruch. Entgegengesetzte Immunstrukturen, so Wedekinds Ergebnis, sind „sexy": Gegensätze ziehen sich an.

Für Evolutionsbiologen allerdings ist dieses Ergebnis keine Überraschung. In der Tierwelt hatten sie das Phänomen bereits häufiger beobachtet, bei Mäusen etwa. Offenbar geht bei Maus und Mensch die Leidenschaft auch durch die Nase.

30 Eine neue Studie im Fachblatt „Nature" bestätigt das Resultat. Die Untersuchung der Zoologen Thorsten Reusch und Manfred Milinksi vom Max-Planck-Institut für Gewässerkunde in Plön zeigt, dass auch Stichling-Weibchen beim

Partner anhand des Geruchs eine Prüfung der Immunsysteme vornehmen, bevor sie sich mit ihm einlassen. Wie lassen sich diese Beobachtungen erklären? Bio-
35 logen glauben, dass Tiere mit vielfältigen Immunstrukturen einen entscheidenden Vorteil im Kampf ums Dasein haben. [...]

Auch beim Menschen spielte der Geruch bei der Partnerwahl immer eine Rolle. „Nicht waschen! – Komme morgen Abend nach Paris", hatte Feldherr Napoleon noch seiner Josephine geschrieben. Und Heinrich III. von Frankreich
40 soll sich 1572 im Louvre das Gesicht an einem verschwitzten Hemd abgewischt haben, welches Marie von Cleves nach einem Tanz im Ankleideraum hatte liegen lassen. Heinrich war der schönen jungen Frau auf der Stelle in rascher Leidenschaft verfallen, wie der Biologe Lyall Watson in seinem Buch „Der Duft der Verführung" beschreibt.

45 Schon Ende der 70er-Jahre hatten Studien gezeigt, dass auch bei Menschen der Geruchssinn besser ist als allgemein angenommen: So können wir mühelos unterscheiden, ob ein Geruch von einer Frauen- oder Männerhand stammt. Bei einem anderen Versuch erkannten 16 von 20 Müttern ihre Babys auf Anhieb mit absoluter Sicherheit am Duft allein.

50 Dass der Geruch offenbar auch beeinflusst, welchen Partner wir riechen können und welchen nicht, zeigt, dass wir bei unserer Partnerwahl unbewusst eine genetische Auslese vornehmen: „Gute Gene" für unsere Kinder sind unter anderem solche, die ihnen vielfältige Immunstrukturen mit auf den Weg geben. Andererseits ist der Geruch nicht der allein ausschlaggebende Faktor der Attraktivität.

Quelle: Der Tagesspiegel vom 19. 11. 2001, Nr. 17593

1 Immunsystem: hier: das System im menschlichen Körper, das sich mit Krankheitserregern auseinandersetzt
2 mental: geistig

Lesekompetenz – Aufgaben zu Text 1 „Ein Riecher für den Richtigen"

Punkte

101 Der beschriebene T-Shirt-Versuch wurde durchgeführt an der Universität in ...
Kreuzen Sie die richtige Antwort an. — 1

☐ Bonn

☐ Bern

☐ Plön

102 Ordnen Sie die folgenden Überschriften den Absätzen (Zeilenangaben) zu. 3

Bedeutung der Ergebnisse – Beispiele aus der Geschichte – Bezug zu älteren Versuchen – Ergebnisse des Versuchs – Forschungsvorhaben und Versuchsbeschreibung – Versuche aus der Tierwelt

Notieren Sie:

a) Z. 22: ______________________________

b) Z. 23–26: ______________________________

c) Z. 27–36: ______________________________

d) Z. 37–44: ______________________________

e) Z. 45–49: ______________________________

f) Z. 50–54: ______________________________

103 Allen Versuchsmitgliedern wurde vorher eine Blutprobe entnommen. Notieren Sie den Grund. 1

____

104 Ergänzen Sie die Tabelle zu dem Versuch mithilfe des Textes.

a) Leiter des Versuchs: ______________________________ 1

b) Beginn des Versuchs: ______________________________ 1

c) Ende des Versuchs: ______________________________ 1

d) Ausgangsfrage des Versuchs: ______________________________ 1

e) Zahl der Teilnehmer (Frauen): ______________________________ 1

f) Zahl der Teilnehmer (Männer): ______________________________ 1

105 Die Studentinnen erhielten den Roman von Patrick Süskind „Das Parfum", …

1) um sich über den Versuchsablauf zu informieren.
2) um sich auf den Versuch einzustimmen.
3) um sich der Bedeutung des Geruchssinnes bewusster zu werden.
4) um sich über den aktuellen Forschungsstand zu informieren.

Kreuzen Sie die richtige Antwort an. 1

- ☐ 1 und 2
- ☐ 2 und 3
- ☐ 3 und 4
- ☐ 1 und 3

106 Einige Untersuchungsergebnisse über die Rolle des Geruchssinnes beim **Menschen** waren vor dem T-Shirt-Versuch bereits Ende der 70er-Jahre bekannt. Notieren Sie ein Beispiel. 1

____

107 Die Studentinnen bewerteten den Geruch der T-Shirts als angenehmer, wenn der Träger … Ergänzen Sie den Satz. 2

____

108 Das Ergebnis war für Evolutionsbiologen **nicht** überraschend. Geben Sie einen Grund an. 1

____

109 Der Geruch eines Menschen spielt bei der Partnerwahl eine Rolle, … Kreuzen Sie die richtige Antwort an. 1

- ☐ weil man mit unterschiedlichen Immunstrukturen bessere Gene vererbt.
- ☐ weil man mit gleichen Immunstrukturen bessere Gene vererbt.
- ☐ weil man mit unterschiedlichen Immunstrukturen schlechtere Gene vererbt.

110 Erklären Sie die Bedeutung der folgenden Metapher (bildhafter Ausdruck): die Leidenschaft „geht durch die Nase" (Z. 29). 2

____

111 Für das Wort „Phänomen" in Z. 28 gibt es im Wörterbuch drei verschiedene Erklärungen. Kreuzen Sie die für diese Textstelle zutreffende Erklärung an. 1

- ☐ Naturerscheinung
- ☐ einzigartiges Ereignis
- ☐ hochbegabter, genialer Mensch; Genie

112 In Z. 42 f. heißt es: Er war ihr „in rascher Leidenschaft verfallen". Das bedeutet: …
Kreuzen Sie die richtige Antwort an. 1

- ☐ Er verliebte sich nur kurze Zeit in sie.
- ☐ Er zerbrach an der Leidenschaft für sie.
- ☐ Er verliebte sich sofort in sie.

113 Fassen Sie die Kernaussage des Artikels kurz mit eigenen Worten zusammen: 2

Der Artikel informiert über ______________________________

____

____

Lesekompetenz gesamt **23**

Sprachwissen und Sprachbewusstsein – Aufgaben zu Text 1

Punkte

151 In Z. 2 wird folgende Formulierung gewählt: „schweißtreibende Arbeit". Ersetzen Sie „schweißtreibend" durch ein passendes Adjektiv. 1

____

152 In Z. 48 f. steht die Formulierung „mit absoluter Sicherheit". 1
Ersetzen Sie das Wort „absolut" durch ein anderes passendes.

____

153 Im Untertitel „Der Körpergeruch hilft bei der Partnerwahl, das ‚richtige' Immunsystem für den Nachwuchs zu erschnuppern" wird das Wort „das" verwendet. Es handelt sich um …
Kreuzen Sie die richtige Antwort an. 1

- ☐ ein Relativpronomen, das sich auf „Partnerwahl" bezieht.
- ☐ einen Artikel, der sich auf „Immunsystem" bezieht.
- ☐ ein Demonstrativpronomen, das sich auf „Nachwuchs" bezieht.

154 Notieren Sie das vollständige Prädikat aus dem Satz: „Die Studenten hatten die T-Shirts aus 100-prozentiger Baumwolle zuvor in zwei aufeinanderfolgenden Nächten getragen." (Z. 6–8). 1

____

155 Wandeln Sie den folgenden Satz ins Passiv um: „Wedekind legte den Studentinnen die eingesammelten T-Shirts zum großen Schnuppertest vor." (Z. 15 f.) 1

____

____

156 Im letzten Absatz steht ein Relativsatz. 1
Notieren Sie ihn.

____

157 Im folgenden Satz gibt es einen Nebensatz (Gliedsatz).
„So können wir mühelos unterscheiden, ob ein Geruch von einer Frauen- oder Männerhand stammt." (Z. 46 f.)

a) Unterstreichen Sie ihn. 1
b) Notieren Sie ein Erkennungsmerkmal. 1

____

158 In der Überschrift wird „Richtigen" großgeschrieben, in der Zeile darunter wird aber „richtige" kleingeschrieben.
Begründen Sie die Schreibweise mit der jeweiligen Regel.

a) Richtigen 1
Regel: ____

____

b) richtige 1
Regel: ____

____

159 Begründen Sie die Schreibung der s-Laute mit einer Regel.

a) „beeinflusst" (Z. 4), „bewusster" (Z. 10 f.) 1
Regel: ____

____

b) „ließ" (Z. 5), „Spaß" (Z. 12) 1
Regel: ____

____

Sprachwissen gesamt 12

2 Der Duft der Verführung

Das unbewusste Riechen und die Macht der Lockstoffe

von Lyall Watson

1 Gestank war einst gleichbedeutend mit Krankheit. Man mag sich kaum vorstellen, wie es in der Enge der Städte im 18. Jahrhundert gerochen haben mag: [...] ein furchterregendes Gebräu aus Ausdünstungen und üblen Gerüchen. Sie stiegen aus Jauchegruben[1] in den Kellern aller Gebäude auf, durchdrangen jedes 5 einzelne Kleidungsstück und jeden Bereich des Alltags; sie überfluteten bei Wasserhochstand oder Hitze die Straßen und brachten das Leben völlig zum Stillstand, sobald eine Jauchegrube [...] geleert wurde. Wen wundert, dass solche Gerüche nicht nur die Nase, sondern auch die Gedanken beherrschten. Ein Pariser Beamter beschwerte sich, weil die Hauptstadt nichts als eine riesige Jau- 10 chegrube und die Luft derart verpestet war, dass die Bewohner kaum noch atmen konnten.

Allerdings wird das Unerträgliche mit der Zeit erträglich. Unsere Schwelle für die Tolerierbarkeit von Gerüchen ist nicht statisch[2]. Aber wenn sie plötzlich höher angesiedelt ist, dann liegt das weniger an einer Abstumpfung der Riechsin- 15 neszellen als vielmehr an der Tatsache, dass das Gehirn sogar die alarmierendsten Gerüche auf Dauer langweilig findet. Und das kann unter Umständen sehr gefährlich werden.

Wann immer das Thema Geruch zur Sprache kommt, sollten wir uns bewusst machen, dass Hören und Sehen aus evolutionärer Sicht betrachtet relativ 20 neue Sinne sind. [...] Gerüche üben noch immer außerordentlich große Macht auf uns aus. Und diese Macht hat nichts mit Verdrängung zu tun, sondern ist das Produkt einer nur dem Menschen vorbehaltenen Umgangsweise mit Gerüchen. Sie hat etwas mit Gedächtnis zu tun.

Neurologische[3] Studien legen nahe, dass beim Menschen im Gegensatz zu 25 anderen Lebewesen nur sehr wenige olfaktorische[4] Verschaltungen „fest verdrahtet“ sind. Wir haben die angeborene Fähigkeit, auf den Geruch unserer Mütter zu reagieren. [...] Abgesehen davon ist jedoch nur sehr wenig fixiert. Den Rest müssen wir im Wesentlichen durch Versuch und Irrtum und durch soziale Vorbilder lernen. Wir erwerben unser Geruchsgedächtnis überwiegend aus 30 Erfahrung. [...]

Der Mensch erinnert sich sogar viele Jahre später noch an Gerüche in ihrer ganzen Vollständigkeit, mit all ihren unterschiedlichen Komponenten. „Je älter die Bevölkerung wird“, sagt John Kinge, „umso mehr alte Menschen mit Gedächtnisproblemen werden wir haben. Gerüche können Erinnerungen wecken, 35 wie kein anderer Sinn es vermag. Ich kenne keine effektivere Möglichkeit, Menschen wieder zu orientieren, damit sie sich im Alter erneut zurechtfinden.“

Doch in fünfzig Jahren könnte es viel schwieriger sein, den Menschen diesen Dienst zu erweisen. Wer in geruchsfreien Zonen wie unseren heutigen Wohnun-

gen aufwächst, wo das Essen in der Mikrowelle erwärmt wird und kein Duft von
40 frisch Gebackenem mehr dem Ofen entströmt oder wo kein Rasen mehr in der Nähe ist, der gemäht werden muss, lebt in einer Welt mit sehr viel weniger charakteristischen Gerüchen, die sich ins Gedächtnis einprägen können. Doch selbst wenn dieser Verlust den jungen Menschen von heute die Erinnerungen rauben könnte, behielte das Geruchsgedächtnis noch immer nicht zu unterschätzende Fä-
45 higkeiten. Wer weiß, was der Geruch von Diesel oder Pommes frites für all diejenigen bedeuten wird, die sich dereinst im Jahr 2050 zu erinnern versuchen werden?

Quelle: Lyall Watson: Der Duft der Verführung. Fischer TB: Frankfurt am Main 2003, S. 170–172, 209–214. Übersetzt von Yvonne Badal. Lizenz des Verlags S. Fischer.

1 Jauchegruben: Gruben, in denen Abwasser gesammelt wird
2 statisch: hier: festgelegt
3 neurologisch: die Nerven betreffende
4 olfaktorisch: den Geruchssinn betreffende

Lesekompetenz – Aufgaben zu Text 2 „Der Duft der Verführung“

Punkte

201 Im Text heißt es, dass Gestank früher gleichbedeutend mit Krankheit war, das heißt, dass …
Kreuzen Sie die richtige Antwort an. — 1

- ☐ der Gestank so furchtbar war, dass man davon krank wurde.
- ☐ die Menschen immer nur von den Gedanken an den Gestank beherrscht wurden.
- ☐ Abfälle und Fäkalien auf den Straßen Krankheiten zur Folge hatten.

202 Über die Fähigkeit von Neugeborenen, Gerüche zu bestimmen, lässt sich folgende Aussage treffen.
Kreuzen Sie die richtige Antwort an. — 1

- ☐ Alle Gerüche sind durch die Evolution fest im Gehirn gespeichert.
- ☐ Nur wenige Gerüche sind durch die Evolution im Gehirn gespeichert.
- ☐ Kein Geruch ist durch die Evolution im Gehirn gespeichert.

203 Der Mensch toleriert nach längerer Zeit unerträgliche Gerüche, weil …
Kreuzen Sie die richtige Antwort an. 1

- ☐ die Riechzellen überempfindlich geworden sind.
- ☐ das Gehirn diese Gerüche auf Dauer langweilig findet.
- ☐ das Gehirn diese Gerüche als unbekannt erkennt.

204 Der Mensch nimmt einen Geruch, wenn er ihm längere Zeit ausgesetzt ist, nicht mehr so intensiv wahr. Das kann „unter Umständen sehr gefährlich werden“ (Z. 16 f.).
Notieren Sie ein Beispiel für eine Gefahr. 1

____

205 Wie erwerben wir unser Geruchsgedächtnis?
Kreuzen Sie die richtige Antwort an. 1

- ☐ Es ist teilweise angeboren und wird überwiegend durch Erfahrung erworben.
- ☐ Es ist nicht angeboren und wird teilweise durch Erfahrung erworben.
- ☐ Es ist ausschließlich angeboren und wird ohne Erfahrung erworben.

206 Die Absicht des Textes ist es, …
Kreuzen Sie die richtige Antwort an. 2

- ☐ vor den Auswirkungen von Gestank auf den Geruchssinn zu warnen.
- ☐ durch vielfältige Tipps über den Umgang mit Geruch zu informieren.
- ☐ über die Bedeutung des Geruchssinns zu informieren.

207 a) Bei alten Menschen mit Gedächtnisproblemen lässt sich das Geruchsgedächtnis nutzen.
Notieren Sie, wozu es sich nutzen lässt. 1

____

b) Das Geruchsgedächtnis lässt sich in circa 50 Jahren kaum noch nutzen.
Notieren Sie einen Grund. 2

____

208 In welchem der beiden Texte erfährt der Leser, dass Lyall Watson (Autor des Textes 2) Biologe ist?
Geben Sie den Text und die Zeile an. 1

____

Lesekompetenz gesamt **11**

Sprachwissen und Sprachbewusstsein – Aufgaben zu Text 2

Punkte

251 In Z. 23 steht: „Sie hat etwas mit Gedächtnis zu tun." 1
Welches Nomen ist mit „Sie" gemeint? Notieren Sie dieses aus dem Text.

____

252 In Z. 32 wird das Adjektiv „älter" verwendet. 2
Ordnen Sie das Adjektiv ein und ergänzen Sie die Tabelle.

Positiv	Komparativ	Superlativ

253 Der Satz: „Je älter die Bevölkerung ..." (Z. 32–34) wird mit einer unterordnenden Konjunktion eingeleitet, der eine zweite folgen muss.
Notieren Sie diese aus dem Text. 1

____

254 Begründen Sie die Großschreibung mit einer Regel.

a) „Hören und Sehen" (Z. 19) 1
Regel: ____

____

b) „im Wesentlichen" (Z. 28) 1
Regel: ____

____

Sprachwissen gesamt **6**

3 Verführerische Düfte
Der deutsche Parfümerie-Einzelhandel

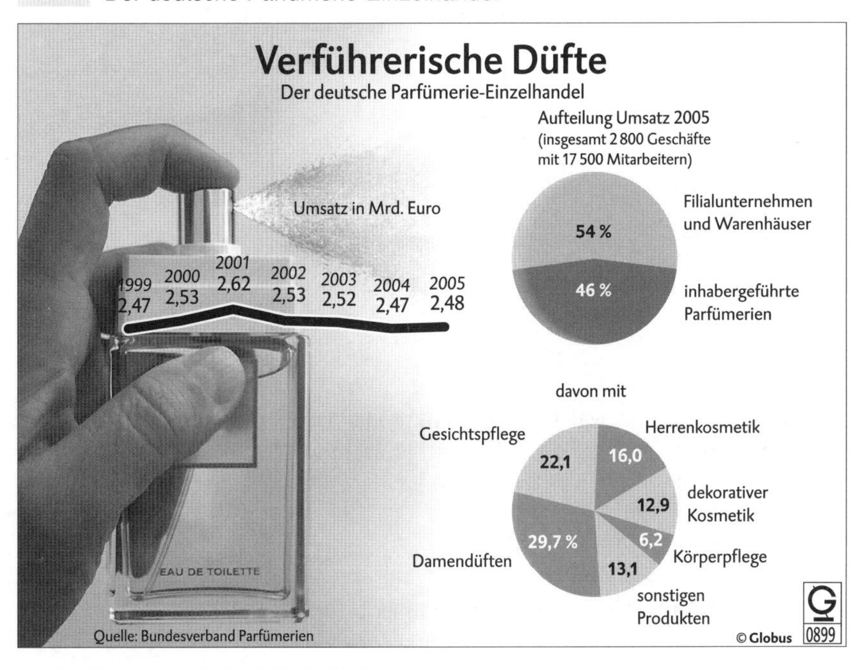

Quelle: Globus vom 18. 09. 2006, Nr. 0899

Lesekompetenz – Aufgaben zur Grafik

Punkte

301 Notieren Sie den Zeitraum, für den die Daten in der linken Grafik erhoben wurden. — 1

____

302 Die Grafik informiert über folgende Bereiche:
Kreuzen Sie die richtige Antwort an. — 1

- ☐ den Umsatz des deutschen Parfümeriehandels.
- ☐ die Anteile der verkauften Parfümflaschen.
- ☐ den Umsatz an Parfüms in Warenhäusern.

303 Wie oft stieg seit 1999 der Umsatz in Mrd. Euro im Vergleich zum Vorjahr?
Kreuzen Sie die richtige Antwort an. 1

- ☐ 1-mal
- ☐ 2-mal
- ☐ 3-mal

304 a) In welchem Jahr gab es den höchsten Umsatz in Mrd. Euro? 1

____

b) In welchen Jahren gab es den niedrigsten Umsatz in Mrd. Euro des untersuchten Zeitraumes? 1

____

305 Notieren Sie, mit welchen Kosmetikprodukten 2005 a) der höchste Umsatz und b) der geringste Umsatz gemacht wurde.

a) ______________________________ 1

b) ______________________________ 1

306 Wie viele Mitarbeiter gab es im Parfümerie-Einzelhandel 2005? 1

____

307 Wer lieferte die Zahlen für diese Grafik? 1

____

308 Bei der linken Grafik handelt es sich um …
Kreuzen Sie die richtige Antwort an. 1

- ☐ ein Kurvendiagramm.
- ☐ ein Kreisdiagramm.
- ☐ ein Säulendiagramm.

Lesekompetenz gesamt **10**

4 Das Parfum

Die Geschichte eines Mörders

von Patrick Süskind

In dem Roman geht es um Jean-Baptiste Grenouille, der im Jahr 1738 in Paris geboren wird und in einem Waisenhaus aufwächst. Obwohl er selbst geruchlos ist, verfügt er über einen außergewöhnlichen Geruchssinn. Als junger Mann verliebt er sich in den Duft eines schönen Mädchens, das er ungewollt umbringt. Im Laufe des Romans tötet Grenouille noch weitere junge Mädchen, um aus deren Duft das perfekte Parfum herzustellen.

1 Am 1. September 1753, dem Jahrestag der Thronbesteigung des Königs, ließ die Stadt Paris am Pont Royal ein Feuerwerk abbrennen. [...]

Grenouille stand stumm [...]. Er rührte keine Hand zum Beifall, er schaute nicht einmal hin, wenn die Raketen aufstiegen. Er war gekommen, weil er glaub-
5 te, irgend etwas Neues erschnuppern zu können, aber es stellte sich bald heraus, dass das Feuerwerk geruchlich nichts zu bieten hatte. Was da in verschwenderischer Vielfalt funkelte und sprühte und krachte und pfiff, hinterließ ein höchst eintöniges Duftgemisch von Schwefel, Öl und Salpeter.

Er war schon im Begriff, die langweilige Veranstaltung zu verlassen, [...]
10 als ihm der Wind etwas zutrug, etwas Winziges, kaum Merkliches, ein Bröselchen, ein Duftatom, nein, noch weniger: eher die Ahnung eines Dufts als einen tatsächlichen Duft – und zugleich doch die sichere Ahnung von etwas Niegerochenem. Er [...] schloß die Augen und blähte die Nüstern. Der Duft war so ausnehmend zart und fein, daß er ihn nicht festhalten konnte, immer wieder entzog er
15 sich der Wahrnehmung, wurde verdeckt vom Pulverdampf der Petarden[1], blockiert von den Ausdünstungen der Menschenmassen, zerstückelt und zerrieben von den tausend andren Gerüchen der Stadt. Aber dann, plötzlich, war er wieder da, ein kleiner Fetzen nur, eine kurze Sekunde lang als herrliche Andeutung zu riechen ... und verschwand alsbald. Grenouille litt Qualen. Zum ersten Mal war es nicht
20 nur sein gieriger Charakter, dem eine Kränkung widerfuhr, sondern tatsächlich sein Herz, das litt. Ihm schwante sonderbar, dieser Duft sei der Schlüssel zur Ordnung aller anderen Düfte, man habe nichts von den Düften verstanden, wenn man diesen einen nicht verstand, und er, Grenouille, hätte sein Leben verpfuscht, wenn es ihm nicht gelänge, diesen einen zu besitzen. Er musste ihn haben [...].

25 Ihm wurde fast schlecht vor Aufregung. Er hatte noch nicht einmal herausbekommen, aus welcher Richtung der Duft überhaupt kam. Manchmal dauerten die Intervalle, ehe ihm wieder ein Fetzchen zugeweht wurde, minutenlang, und jedesmal überfiel ihn die gräßliche Angst, er hätte ihn auf immer verloren. Endlich rettete er sich in den verzweifelten Glauben, der Duft komme vom anderen
30 Ufer des Flusses, irgendwoher aus südöstlicher Richtung.

Er […] wühlte sich fort, erreichte nach endlosen Minuten das andere Ufer […].

Hier blieb er stehen, sammelte sich und roch. Er hatte ihn. Er hielt ihn fest. Wie ein Band kam der Geruch die Rue de Seine herabgezogen, unverwechselbar 35 deutlich, dennoch weiterhin sehr zart und sehr fein. Grenouille spürte, wie sein Herz pochte, und er wußte, daß es nicht die Anstrengung des Laufens war, die es pochen machte, sondern seine erregte Hilflosigkeit vor der Gegenwart dieses Geruches. Er versuchte, sich an irgend etwas Vergleichbares zu erinnern und mußte alle Vergleiche verwerfen. […] Unbegreiflich dieser Duft, unbeschreiblich, in 40 keiner Weise einzuordnen, es durfte ihn eigentlich gar nicht geben. Und doch war er da in herrlichster Selbstverständlichkeit. Grenouille folgte ihm, mit bänglich[2] pochendem Herzen, denn er ahnte, daß nicht er dem Duft folgte, sondern daß der Duft ihn gefangengenommen hatte und nun unwiderstehlich zu sich zog.

[…] Traumwandlerisch durchschritt Grenouille […] den Hinterhof, bog um 45 eine Ecke, gelangte in einen zweiten, kleineren Hinterhof, und hier nun endlich war Licht: Der Platz umfaßte nur wenige Schritte im Geviert[3]. An der Mauer sprang ein schräges Holzdach vor. Auf einem Tisch darunter klebte eine Kerze. Ein Mädchen saß an diesem Tisch und putzte Mirabellen[4]. Sie nahm die Früchte aus einem Korb zu ihrer Linken, entstielte und entkernte sie mit einem Messer 50 und ließ sie in einen Eimer fallen. Sie mochte dreizehn, vierzehn Jahre alt sein. Grenouille blieb stehen. Er wußte sofort, was die Quelle des Duftes war, den er über eine halbe Meile hinweg bis ans andere Ufer des Flusses gerochen hatte: nicht dieser schmuddelige Hinterhof, nicht die Mirabellen. Die Quelle war das Mädchen.

Quelle: Süskind, Patrick: Das Parfum. Die Geschichte eines Mörders. Zürich 1994, S. 49–54. (auf Wunsch des Autors in alter Rechtschreibung abgedruckt)

1 Petarden: mit Sprengladung gefüllte Gefäße
2 bänglich: ängstlich
3 Geviert: Rechteck, meist: Quadrat
4 Mirabellen: gelbe kleine Pflaumen

Lesekompetenz – Aufgaben zu Text 4 „Das Parfum"

Punkte

401 Notieren Sie, wo Grenouille aufgewachsen ist. — 1

____

402 Grenouille nimmt an dem Feuerwerk teil, weil …
Kreuzen Sie die richtige Antwort an. — 1

- ☐ er einen neuen Geruch sucht.
- ☐ er den Geruch von Feuerwerk liebt.
- ☐ er die Thronbesteigung feiert.

403 Grenouille empfindet das Duftgemisch des Feuerwerks als …
Kreuzen Sie die richtige Antwort an. — 1

- ☐ eintönig.
- ☐ verschwenderisch.
- ☐ verwirrend.

404 Grenouille ist plötzlich von einem anderen Geruch angezogen, weil der …
Kreuzen Sie die richtige Antwort an. — 1

- ☐ so intensiv ist.
- ☐ ihm so vertraut ist.
- ☐ so ungewöhnlich ist.

405 In der Menschenmenge gerät Grenouille in Panik, weil …
Ergänzen Sie den Satz. — 2

____

406 Grenouille folgt einem Duft, der ihn fasziniert. Dabei macht er verschiedene Stimmungen durch. Ordnen Sie folgende Begriffe nach ihrer zeitlichen Reihenfolge im Text. — 1
erregte Hilflosigkeit – schlecht vor Aufregung – verzweifelter Glaube

____

407 Warum muss der Leser um das Leben des Mädchens, das Mirabellen putzt, fürchten?
Geben Sie einen Grund an. — 2

____

408 Im Text heißt es: „Grenouille litt Qualen“ (Z. 19).
Notieren Sie einen Grund aus dem Text. 1

---

409 In Z. 44 heißt es, Grenouille durchschritt „traumwandlerisch …“, das bedeutet …
Kreuzen Sie die zutreffende Bedeutung an. 2

- ☐ Er geht zu seinem Traum.
- ☐ Er geht wie im Traum.
- ☐ Er geht während eines Traums.

410 Grenouille wird als jemand beschrieben, den folgende Eigenschaften auszeichnen:

1) besessen
2) gierig
3) verschwenderisch
4) oberflächlich
5) neidisch

Kreuzen Sie die richtige Antwort an. 2

- ☐ 1 und 2
- ☐ 2 und 3
- ☐ 3 und 4
- ☐ 4 und 5

411 Der Geruch, den Grenouille wahrnimmt, stammt von …
Kreuzen Sie die richtige Antwort an. 1

- ☐ den Mirabellen.
- ☐ dem Hinterhof.
- ☐ dem Mädchen.

412 Warum wird Grenouille immer wieder zum Mörder?
Notieren Sie einen Grund. 1

Lesekompetenz gesamt 16

Sprachwissen und Sprachbewusstsein – Aufgaben zu Text 4 „Das Parfum"

Punkte

451 In Z. 6–8 wird das Feuerwerk mit mehreren Verben beschrieben. Notieren Sie ein Verb. — 1

____

452 In Z. 15 f. finden Sie mehrere Passivformen. Notieren Sie ein Beispiel. — 1

____

453 Im Text werden verschiedene Formulierungen für den Vorgang des Riechens verwendet. Notieren Sie eine Formulierung. — 1

____

454 Der Geruch, dem Grenouille folgt, wird mit Adjektiven beschrieben (Z. 33–43). Notieren Sie zwei. — 2

____

____

455 In Z. 48–50 putzt das Mädchen Mirabellen. Das wird mit mehreren Verben beschrieben. Notieren Sie a) ein unregelmäßiges (starkes) Verb und b) ein regelmäßiges (schwaches) Verb.

a) _______________ 1

b) _______________ 1

Sprachwissen gesamt 7

5 Filmkritik

Im Folgenden finden Sie den ersten Entwurf einer Filmkritik, die in einer Kinozeitung erscheinen soll. Der Redakteur hat Fehler entdeckt und ist mit einigen Formulierungen nicht einverstanden. Diese sollen Sie nun überarbeiten.

1 **Der Film**

„Das Parfum – Die Geschichte eines Mörders“

Da Romanverfilmungen immer schon groß in Mode waren musste 2006 auch „Das Parfum“ von Patrick Süskind dafür herhalten. Für unser kleines deutsches Kino-
5 ländchen ist die Verfilmung „Das Parfum – Geschichte eines Mörders“ (Regie: Tom Tykwer) ein ziemlich schwieriges Vorhaben.

Ein Hauptproblem der Verfilmung ist, dass man auf der Leinwand etwas Unsichtbares wie den Geruchssinn nicht sichtbar machen kann. Der Held, Jean-Baptiste Grenouille, kann im Roman mit der Nase „sehen“ und ist ein wahrer Geruchsteufel, ein Monster,
10 der die wahnsinnige Idee hat, aus dem Geruch von jungen Frauen das perfekte Parfum zu entwickeln. Dafür tötet er zwei Dutzend Schönheiten.

Im Film sehen wir dagegen immer nur seine Nase. Schnüffelnd tritt er aus dem dunkeln und wirkt dabei nicht gefährlich, sondern nur artig. Auch wenn der Darsteller (Ben Wishaw) dabei sein Bestes gibt. Und das kann man über alle Schauspieler (u. a.
15 Dustin Hoffmann, Corinna Harfouch) im Film sagen.

Der Film hat etwas von ein Kriminalfilm. Er wirkt ausgesprochen detailverliebt,und zeigt ein getreues Bild vom Paris des 18. Jahrhunderts, besonders bei den Kostümen und der Schminke. Das ist schon ein Augenschmaus, vor allem auch auf dem großen Fest in der Parfumstadt Grasse anlässlich der Hinrichtung Grenouilles. Untermalt wird
20 der karge Monolog von laute Musik: Aber nirgends gibt es ein Geruch.

Fazit: Der Film „Das Parfum“ war einer der heiß ersehnten Kinohöhepunkte des Jahres 2006, er präsentierte sich mit einer prächtigen Optik aus schönen und grauenerregenden Bildern. Inhaltlich ist er oft eine Spur harmloser als seine literarische Vorlage. Für die Kenner des Romans ist er eine krasse Entäuschung, für alle anderen ein
25 megacooler Sehgenuss.

Schreibkompetenz – Aufgaben zum Überarbeiten der Filmkritik — Punkte

581 Die Überschrift „Der Film …“ soll durch eine Metapher (bildhafter Ausdruck) ersetzt werden.
Kreuzen Sie die passende Antwort an. — 1

- ☐ Das große Nasentheater
- ☐ Der perfekte Duft
- ☐ Bestseller verfilmt

582 In den folgenden Formulierungen gibt es jeweils einen Rechtschreibfehler.
Streichen Sie die Fehler durch und korrigieren Sie sie.

Streichung	Korrektur	
a) „Schnüffelnd tritt er aus dem dunkeln und wirkt dabei nicht gefährlich, sondern nur artig.“ (Z. 12 f.)		1
b) „Für die Kenner des Romans ist er eine krasse Enttäuschung, …“ (Z. 23 f.)		1

583 Im letzten Absatz werden umgangssprachliche Wendungen verwendet.

a) Notieren Sie zwei umgangssprachliche Wendungen.

- Wendung 1: ______________________________ 1
- Wendung 2: ______________________________ 1

b) Formulieren Sie sie in Standardsprache um.

- zu 1: ______________________________ 1
- zu 2: ______________________________ 1

584 In dem folgenden Satz ist das Relativpronomen falsch.
Streichen Sie den Fehler durch und notieren Sie das richtige Wort darüber. 1

„Der Held, Jean-Baptiste Grenouille, kann im Roman mit der Nase ‚sehen‘ und ist ein wahrer Geruchsteufel, ein Monster, der die wahnsinnige Idee hat, aus dem Geruch von jungen Frauen das perfekte Parfum zu entwickeln.“ (Z. 8–11)

585 In den folgenden Sätzen befinden sich Zeichensetzungsfehler: Korrigieren Sie diese.

a) „Da Romanverfilmungen immer schon groß in Mode waren musste 2006 auch ‚Das Parfum‘ von Patrick Süskind dafür herhalten.“ (Z. 3 f.) 1

b) „Er wirkt ausgesprochen detailverliebt, und zeigt ein getreues Bild vom Paris des 18. Jahrhunderts …“ (Z. 16 f.) 1

586 In den folgenden Formulierungen gibt es jeweils einen Kasusfehler (Fallfehler).
Streichen Sie die Fehler durch und korrigieren Sie sie.

Streichung	Korrektur	
a) „Der Film hat etwas von ein Kriminalfilm.“ (Z. 16)		1
b) „Untermalt wird der karge Monolog von laute Musik: …“ (Z. 19 f.)		1
c) „Aber nirgends gibt es ein Geruch.“ (Z. 20)		1

Schreibkompetenz gesamt **13**

6 Schreibkompetenz – Verfassen eines Textes

Sie wollen mit einem Freund/einer Freundin ins Kino gehen. Zur Zeit läuft der Film „Das Parfum – Die Geschichte eines Mörders“ von Tom Tykwer.

Entscheiden Sie sich **für** oder **gegen** diesen Film. Überzeugen Sie den Freund/die Freundin nun in einer E-Mail von Ihrer Meinung zum Film.

Verwenden Sie **Standardsprache**.

Schreibkompetenz – Verfassen eines Textes Punkte

Anzahl der Worte: ___________

681	Führen Sie dazu drei Argumente aus. Nutzen Sie dafür die gelesenen Texte	21
682	Sprachliche Vielfalt und Genauigkeit/Standardsprache	2
683	Sprachliche Richtigkeit/Verständlichkeit	2
684	Schreibregeln	2
	Schreibkompetenz	**27**

Lösungsvorschläge

1 Ein Riecher für den Richtigen *(Bas Kast)*

Lesekompetenz – Aufgaben zu Text 1

101 [X] Bern

Hinweis: In Z. 5 erfährst du, dass der Versuch von Wedekind durchgeführt wurde. Über diesen Claus Wedekind wird vorher in Z. 1 f. gesagt, dass er an der Universität Bern arbeitet.

102 a) Z. 1–22: Forschungsvorhaben und Versuchsbeschreibung
b) Z. 23–26: Ergebnisse des Versuchs
c) Z. 27–36: Versuche aus der Tierwelt
d) Z. 37–44: Beispiele aus der Geschichte
e) Z. 45–49: Bezug zu älteren Versuchen
f) Z. 50–54: Bedeutung der Ergebnisse

Hinweis: Markiere zunächst die vorgegebenen Absätze im Text. Ordne danach zuerst die Überschriften zu, die du eindeutig identifizieren kannst. Im ersten Abschnitt (Z. 1–22) ist dargestellt, um welches Forschungsvorhaben es geht und wie der Versuch abläuft. Im zweiten Abschnitt (Z. 23–26) wird das Ergebnis des Versuchs vorgestellt. Einen Hinweis erhältst du vor allem durch die Einleitung des Absatzes: Der Begriff „Resultat" ist ein Synonym für „Ergebnis". In Z. 27–36 (3. Abschnitt) werden Versuche aus der Tierwelt (Mäuse und Stichlinge) beschrieben. Im vierten Abschnitt (Z. 37–44) folgen Beispiele aus der Geschichte. Du erkennst das leicht an der Jahreszahl „1572" in Z. 40 und der Erwähnung des „Feldherrn Napoleon" in Z. 38 f. Im fünften Abschnitt (Z. 45–49) wird eine Beziehung zu älteren, Ende der 70er-Jahre durchgeführten Versuchen (Z. 45) hergestellt. Im sechsten Abschnitt (Z. 50–54) wird verdeutlicht, welche Bedeutung die Ergebnisse des Versuchs haben.

103 Die Blutproben dienten dazu, bei den Versuchsteilnehmern winzige Strukturen ihres Immunsystems zu bestimmen.

Hinweis: Du findest die richtige Antwort in Z. 18–20.

104 a) Claus Wedekind
b) Sonntag
c) Dienstag

d) Wie beeinflusst der Körpergeruch die vielleicht wichtigste Frage in unserem Leben: die Partnerwahl? *Oder:* Wie beeinflusst der Körpergeruch die Partnerwahl?
e) 49
f) (mindestens) 6

Hinweis: *Die richtigen Antworten findest du zu a) in Z. 1 und 5, zu b) in Z. 13, zu c) in Z. 15, zu d) in Z. 2–4, zu e) in Z. 5 und zu f) in Z. 20. Achtung: Bei f) ist die richtige Antwort „(mindestens) 6", weil es dem Text nicht zu entnehmen ist, wie viele Männer insgesamt an dem Versuch beteiligt waren. Fest steht nur, dass für jede Frau Geruchsproben von sechs Männern benötigt wurden.*

105 ☒ 2 und 3

Hinweis: *Du findest die richtige Antwort in Z. 8 und 10f. Zudem kannst du davon ausgehen, dass ein Roman selten über einen Versuchsablauf oder über den aktuellen Forschungsstand informiert.*

106 Menschen können Frauen- und Männerhände ohne Probleme durch den Geruch voneinander unterscheiden.
oder: Von 20 Müttern erkannten 16 ihre Babys allein am Geruch.

Hinweis: *Du findest die Beispiele in Z. 46–49.*

107 Die Studentinnen bewerteten den Geruch der T-Shirts als angenehmer, wenn der Träger …
… ein unterschiedliches Immunsystem aufwies.

Hinweis: *Du findest die richtige Antwort in Z. 23–26.*

108 Das Ergebnis hat man bereits bei Mäusen/Stichlingen/Tieren beobachtet.

Hinweis: *Es reicht, wenn du einen Grund angibst. Du findest die richtige Antwort in Z. 27–36.*

109 Der Geruch eines Menschen spielt bei der Partnerwahl eine Rolle, …

☒ weil man mit unterschiedlichen Immunstrukturen bessere Gene vererbt.

Hinweis: *Du findest die richtige Antwort in Z. 52f.*

110 Die Metapher „Leidenschaft ‚geht durch die Nase'" bedeutet:
Der Geruch spielt bei der Liebe/Partnerwahl/körperlichen Anziehung eine Rolle.

Hinweis: *Die Nase als Sinnesorgan nimmt den Geruch wahr. Wenn man den Geruch einer Person (bzw. bei Tieren den Geruch eines anderen Tieres) als sehr angenehm empfindet, verliebt man sich leichter in diese Person.*

111 [X] Naturerscheinung

Hinweis: *Lies noch einmal den Textabschnitt mit der vorgegebenen Textstelle: Dann kannst du mithilfe des Ausschlussverfahrens bestimmen, dass die Auswahl des Partners nach seinem Geruch nicht ein „einzigartiges Ereignis" (2. Antwort) ist, sondern von der Natur so vorgegeben wurde und daher wiederholt bei Menschen und Tieren auftritt. Betroffen sind nicht nur „hochbegabte, geniale Menschen; Genies" (3. Antwort), sondern alle Menschen.*

112 [X] Er verliebte sich sofort in sie.

Hinweis: *Lies auf jeden Fall noch einmal den kompletten Satz im Text nach. Dort steht, er sei ihr „auf der Stelle" verfallen (siehe Z. 42), woraus zu schließen ist, dass er sich sofort in sie verliebt hat. Ob er kurze oder lange Zeit (1. Antwort) verliebt war oder an seiner Leidenschaft für sie zerbrach (2. Antwort), wird im Text nicht angegeben.*

113 Der Artikel informiert über …
… den Zusammenhang von Körpergeruch und Partnerwahl.
oder: … den Zusammenhang von Körpergeruch und vielfältigen/verschiedenen Immunstrukturen.
oder: … den Zusammenhang von Körpergeruch und genetischer Auslese.

Hinweis: *Es sind verschiedene Antworten möglich. Wichtig ist, dass du neben „Körpergeruch" einen weiteren Schlüsselbegriff nennst und sagst, dass ein Zusammenhang zwischen ihnen besteht.*

Sprachwissen und Sprachbewusstsein – Aufgaben zu Text 1

151 anstrengend, hart, mühevoll, schwer o. Ä.

Hinweis: *Mach dir bewusst, was die Formulierung „schweißtreibende Arbeit" bedeutet. Mit dem Wort „schweißtreibend" wird ausgedrückt, wie die Arbeit ist. (Sie strengt so stark an, dass sie den Schweiß aus den Hautporen treibt). Es reicht, wenn du ein Adjektiv nennst, um den Sinn zu erklären. Achte darauf, dass es nicht zu umgangssprachlich ist; ‚krass' wäre z. B. falsch.*

152 100-prozentig, eindeutig, total, uneingeschränkt, vollkommen o. Ä.

Hinweis: Die Formulierung „mit absoluter Sicherheit" bedeutet, dass die Gewissheit vollständig ist, also bei 100 % liegt. Daher wäre die Formulierung „mit großer Sicherheit" falsch, denn das bedeutet: weniger als 100 %. Lies zur Kontrolle noch einmal den ganzen Satz (siehe Z. 47–49) mit der von dir gewählten Lösung.

153 Im Untertitel „Der Körpergeruch hilft, bei der Partnerwahl, das ‚richtige' Immunsystem für den Nachwuchs zu erschnuppern", wird das Wort „das" verwendet. Es handelt sich um …

[X] einen Artikel, der sich auf „Immunsystem" bezieht.

Hinweis: Das Wort „das" könnte ein Artikel, ein Demonstrativpronomen oder ein Relativpronomen sein. In diesem Fall handelt es sich um einen Artikel, denn das Wort „das" bezieht sich als Begleiter auf das Wort „Immunsystem".

154 hatten getragen

Hinweis: Das Prädikat besteht aus dem Hilfsverb „haben" („hatten") und dem Partizip Perfekt (Partizip II) zum Vollverb „tragen".

155 Die eingesammelten T-Shirts wurden den Studentinnen zum großen Schnuppertest vorgelegt.
oder: Den Studentinnen wurden die eingesammelten T-Shirts zum großen Schnuppertest vorgelegt.

Hinweis: Das Passiv wird mit dem Hilfsverb „werden" und dem Partizip Perfekt des Verbs gebildet. Beachte dabei die Zeitform des Ausgangssatzes. Der Aktivsatz steht in der Zeitform „Präteritum", daher muss auch der Passivsatz im Präteritum stehen.

156 …, die ihnen vielfältige Immunstrukturen mit auf den Weg geben. (Z. 53)

Hinweis: Ein Relativsatz ist eine besondere Art von Nebensatz. Er bezieht sich immer auf etwas zurück, von dem gerade die Rede war. In diesem Fall auf die „guten Gene". Er wird hier durch das Relativpronomen „die" eingeleitet.

157 a) „So können wir mühelos unterscheiden, ob ein Geruch von einer Frauen- oder Männerhand stammt."

b) Es gibt zwei Antwortmöglichkeiten:
die (unterordnende) Konjunktion „ob“
oder: finite Verbform am Ende

Hinweis: *Der Nebensatz ist in der Regel der Satz, in dem das finite Verb am Ende steht. Das ist hier der Fall; das finite Verb „stammt“ steht am Satzende. Außerdem beginnt der Satz mit der unterordnenden Konjunktion „ob“ und ist somit dem Hauptsatz untergeordnet.*

158 a) Regel: Eine Nominalisierung schreibt man groß.
oder: Ein Nomen schreibt man (wegen des Artikels) groß.
Eine Substantivierung schreibt man groß.

Hinweis: *Es reicht nicht, wenn du den begleitenden Artikel „den“ hinschreibst, ohne zu erklären, was er bewirkt.*

b) „Regel: Adjektive schreibt man klein.

Hinweis: *Adjektive werden immer kleingeschrieben, wenn sie sich auf ein Nomen beziehen, wenn sie also aussagen, welche Eigenschaft jemand oder etwas besitzt. Großgeschrieben wird ein Adjektiv dann, wenn ein zugehöriger Artikel vorangestellt ist oder vorangestellt werden kann.*

159 a) Regel: Nach kurzem Vokal schreibt man den scharf (stimmlos) gesprochenen s-Laut mit ss.
b) Regel: Nach langem Vokal oder Diphthong schreibt man den scharf (stimmlos) gesprochenen s-Laut mit ß.

Hinweis: *Ob man einen scharf (stimmlos) gesprochenen s-Laut mit ss oder mit ß schreibt, hängt von dem vorangestellten Vokal ab. Wird dieser lang gesprochen (wie in „Spaß“, „ließ“) oder handelt es sich um einen Diphthong (Doppellaut, der mit zwei Vokalen geschrieben wird, z. B. au, äu, eu), schreibt man ß; spricht man ihn kurz (wie in „beeinflusst“, „bewusster“), schreibt man ss.*

2 Der Duft der Verführung *(Lyall Watson)*

Lesekompetenz – Aufgaben zu Text 2

201 Im Text heißt es, dass Gestank früher gleichbedeutend mit Krankheit war, das heißt, dass …

[X] Abfälle und Fäkalien auf den Straßen Krankheiten zur Folge hatten.

Hinweis: *Die Antwort findest du nicht im Text. Mit der Aussage, dass Gestank früher gleichbedeutend mit Krankheit war, ist gemeint, dass mit dem Gestank häufig auch Krankheiten auftraten. Beides sind die Folgen der unhygienischen Zustände, also der Abfälle und Fäkalien auf den Straßen.*

202 ☒ Nur wenige Gerüche sind durch die Evolution im Gehirn gespeichert.

Hinweis: *Du findest die richtige Antwort in Z. 24–26. Neugeborene besitzen die Fähigkeit, einen Geruch zu bestimmen: den Geruch ihrer Mutter (siehe Z. 26 f.). Die meisten übrigen Gerüche sind nicht von Geburt an in unserem Gehirn gespeichert; die Fähigkeit, eine bestimmte Person oder Sache an ihrem Geruch zu erkennen, muss erst erlernt werden.*

203 Der Mensch toleriert nach längerer Zeit unerträgliche Gerüche, weil …

☒ das Gehirn diese Gerüche auf Dauer langweilig findet.

Hinweis: *Du findest die richtige Antwort in Z. 15 f.*

204 giftige Dämpfe werden nicht mehr wahrgenommen
oder: Brandgeruch wird nicht mehr wahrgenommen

Hinweis: *Die Antwort findest du nicht im Text. Überlege, welche gefährlichen Situationen durch den Geruch wahrgenommen werden. Wenn etwas brennt, riecht man das z. B. schon von Weitem und wird damit auf die Gefahr aufmerksam. Jemand, der sich länger in der Nähe des Brandherdes aufhält, z. B. weil er schläft, bemerkt die Gefahr aber unter Umständen gar nicht. Ein Beispiel reicht aus.*

205 ☒ Es ist teilweise angeboren und wird überwiegend durch Erfahrungen erworben.

Hinweis: *Du findest die richtige Antwort in Z. 29 f.*

206 Die Absicht des Textes ist es, …

☒ über die Bedeutung des Geruchssinns zu informieren.

Hinweis: *Du kannst die richtige Antwort durch das Ausschlussverfahren ermitteln: Um die Auswirkungen von Gestank auf den Geruchssinn geht es nur im zweiten Abschnitt (Z. 12–17). Also trifft die erste Antwort nicht zu. Tipps für den Umgang mit Geruch wären z. B.: „Wenn du Brandgeruch wahrnimmst, dann verlasse den Ort und rufe die Feuerwehr!" o. Ä. Solche Tipps werden nicht gegeben. Also trifft auch die zweite Antwort nicht zu. Über die Bedeutung des Geruchssinns erhältst du an mehreren Stellen Informationen: Gerüche alarmieren bei Gefahren (siehe Z. 15, 16 f.), lassen*

Neugeborene auf die Mutter reagieren (siehe Z. 26f.), wecken Erinnerungen und helfen alten Menschen sich zu orientieren (siehe Z. 34–36). Daran erkennst du, dass die letzte Antwort zutreffend ist.

207 a) Gerüche können Erinnerungen wecken, die älteren Menschen dabei helfen, sich zu orientieren.
oder: Durch das Geruchsgedächtnis finden sich Menschen auch im Alter gut zurecht.

b) Durch die geruchsfreien Zonen in heutigen Wohnungen prägen sich viel weniger charakteristische Gerüche im Gedächtnis ein.
oder: Die Menschen sind heute weniger vielfältigen Gerüchen ausgesetzt.

Hinweis: *Du findest die richtigen Antworten zu a) in Z. 34–36 und zu b) in Z. 38–42.*

208 Text 1 „Ein Riecher für den Richtigen“, Z. 43.

Hinweis: *Der Text 2 wurde von Lyall Watson verfasst. Aus diesem geht aber nicht eindeutig hervor, dass er von Beruf Biologe ist. Er könnte auch Journalist sein und die dargestellten Informationen recherchiert haben. Aber in Text 1 wird er in Z. 43 genannt: „der Biologe Lyall Watson“.*

Sprachwissen und Sprachbewusstsein – Aufgaben zu Text 2

251 „Sie“ bezieht sich auf das Nomen „Macht“.

Hinweis: *Lies noch einmal den Textabschnitt mit der vorgegebenen Textstelle durch. Dann erkennst du, dass sich der Satz „Sie hat etwas mit Gedächtnis zu tun“ auf die beiden vorhergehenden Sätze ab Z. 20 bezieht („Gerüche üben […] große Macht auf uns aus. Und diese Macht hat […] Gerüchen.“). Hier wird die Macht, die Gerüche über uns haben, näher erläutert. Dass mit dem „Sie“ im letzten Satz ebenfalls diese Macht gemeint ist, siehst du vor allem daran, dass er parallel zu dem ersten Teil des Satzes in Z. 21 formuliert ist: „Und diese Macht hat nichts mit Verdrängung zu tun […]. Sie (diese Macht) hat etwas mit Gedächtnis zu tun.“ Zur Kontrolle kannst du das Pronomen „Sie“ einfach durch „Macht“ ersetzen und prüfen, ob der Satz so in Ordnung ist: „Macht hat etwas mit Gedächtnis zu tun.“*

252

Positiv	Komparativ	Superlativ
alt	älter	am ältesten

Hinweis: Bei einem Adjektiv handelt es sich um ein Eigenschaftswort. Der Positiv ist die Grundform eines Adjektivs. Wenn man Personen oder Gegenstände miteinander vergleicht, nutzt man dazu die sogenannten „Steigerungsstufen", den Komparativ und den Superlativ. Dass es sich bei „älter" um einen Komparativ handelt, erkennst du daran, dass du das Vergleichswort „als" ergänzen kannst (z. B. „Er ist älter als sie.") Vergiss nicht die Präposition „am", wenn du den Superlativ bildest.

253 umso

Hinweis: Konjunktionen sind Bindewörter, die Wörter, Wortgruppen oder Sätze miteinander verbinden. Man unterscheidet nebenordnende Konjunktionen (z. B. „und") und unterordnende Konjunktionen (z. B. „aber", doch). Einige Konjunktionen kommen nur zusammen vor, dazu gehören z. B. „je – umso".

254 a) Regel: Nominalisierte Verben schreibt man groß.

Hinweis: „Hören" und „sehen" sind Verben und werden normalerweise kleingeschrieben. Großgeschrieben wird ein Verb nur dann, wenn ein zugehöriger Artikel voransteht oder sich voranstellen lässt. Du kannst sowohl bei „Hören" als auch bei „Sehen" den Artikel „das" ergänzen. Daran erkennst du, dass es sich um Verben handelt, die in Nomen umgewandelt wurden (nominalisierte Verben)

b) Regel: Es handelt sich um ein nominalisiertes Adjektiv (mit Präposition). Nominalisierte Adjektive schreibt man groß.

Hinweis: Adjektive werden immer kleingeschrieben, wenn sie sich auf ein Nomen beziehen, wenn sie also aussagen, welche Eigenschaft jemand oder etwas besitzt. Großgeschrieben wird ein Adjektiv dann, wenn ein zugehöriger Artikel voransteht oder sich voranstellen lässt (z. B. wesentlich – das Wesentliche, schön – das Schöne). Achtung: Hier ist der Artikel mit einer vorangehenden Präposition verschmolzen (in + dem = im).

3 Verführerische Düfte

Lesekompetenz – Aufgaben zur Grafik

301 1999–2005

Hinweis: In der linken Grafik gibt die erste Jahreszahl den Beginn der Datenerhebung und die letzte Jahreszahl das Ende an.

302 Die Grafik informiert über folgende Bereiche:

[X] den Umsatz des deutschen Parfümeriehandels.

Hinweis: Dass die erste Antwort richtig ist, erkennst du an drei Teilinformationen der Grafik. Einen Teil findest du unterhalb der Hauptüberschrift der Grafik: der deutsche Parfümerie-Einzelhandel. Der zweite Teil steht in der Beschriftung des rechten oberen Kreisdiagramms: Aufteilung Umsatz 2005. Der dritte Teil befindet sich in der linken Grafik, die sich laut Beschriftung ebenfalls mit dem Umsatz beschäftigt. Ausschließen kannst du dagegen die zweite und dritte Antwort, denn du findest keine Angaben zum Anteil der verkauften Parfümflaschen oder zum Umsatz an Parfüms in Warenhäusern.

303 [X] 3-mal

Hinweis: Die richtige Antwort findest du in der linken Grafik, in der die Umsätze pro Jahr angegeben sind. Sieh dir den Verlauf der Kurve an, nimm ein Lineal dazu. Jeder Anstieg zwischen zwei Jahren bedeutet einen höheren Umsatz im Vergleich zum Vorjahr. Du solltest außerdem die Zahlenwerte miteinander vergleichen: Jeder höhere Wert im Vergleich zum Vorjahr bedeutet, dass der Umsatz zum Vorjahr gestiegen ist. Das trifft dreimal zu: Das erste Mal zwischen 1999 und 2000 von 2,47 auf 2,53 Mrd. Euro. Der zweite Anstieg ist zwischen 2000 und 2001 zu verzeichnen: von 2,53 auf 2,62 Mrd. Euro. Und der dritte Anstieg findet sich zwischen 2004 und 2005: von 2,47 auf 2,48 Mrd. Euro. Besonders der letzte Anstieg ist anhand der Kurve schwer zu erkennen. Deshalb ist es wichtig, die Zahlenwerte hinzuzunehmen.

304 a) 2001

Hinweis: Sieh dir dazu noch einmal die linke Grafik an: Den höchsten Umsatz gab es in dem Jahr, in dem die Kurve am höchsten ausschlägt, im Jahr 2001. Auch der Zahlenwert ist am größten: 2,62 Mrd. Euro.

b) 1999, 2004

Hinweis: *Die Kurve ist leider nicht genau genug, um die Jahre mit dem niedrigsten Umsatz leicht zu erkennen. Vergleiche deshalb die Zahlenwerte miteinander: In den Jahren 1999 und 2004 lagen die Umsätze jeweils bei 2,47 Mrd. Euro und waren damit am niedrigsten. Du musst beide Jahre angeben.*

305 a) Damendüfte
b) Körperpflege

Hinweis: *Die beiden Kreisdiagramme auf der rechten Seite der Grafik beschäftigen sich mit dem Umsatz 2005. Das untere Kreisdiagramm zeigt, welche Kosmetikartikel welchen Anteil am Umsatz hatten. Anhand der Zahlenwerte kannst du ablesen, dass die Damendüfte mit 29,7 % den höchsten Anteil am Umsatz (Antwort a) und die Körperpflegeprodukte mit 6,2 % den geringsten Anteil am Umsatz hatten (Antwort b).*

306 17 500 Mitarbeiter

Hinweis: *Die richtige Antwort findest du in der Erklärung des rechten oberen Kreisdiagramms. In der Klammer steht: Insgesamt 2 800 Geschäfte mit 17 500 Mitarbeitern.*

307 Bundesverband Parfümerien

Hinweis: *Es wird nach der Herkunft der Zahlen gefragt. Die richtige Antwort findest du in der linken unteren Ecke der Grafik. Dort ist die „Quelle“ notiert: Bundesverband Parfümerien. Achtung, es wird nicht gefragt, in welcher Zeitung, Zeitschrift o. Ä. die Grafik erschienen ist. Deshalb ist „Globus vom 18. 09. 2006, Nr. 0899“, wie es unterhalb der Grafik steht, die falsche Antwort.*

308 Bei der linken Grafik handelt es sich um …

☒ ein Kurvendiagramm.

Hinweis: *Sieh dir die linke Grafik an. Da dort eine Kurve gezeichnet ist, die eine Entwicklung über einen bestimmten Zeitraum hinweg darstellt, handelt es sich um ein Kurvendiagramm.*

4 Das Parfum – Die Geschichte eines Mörders *(Patrick Süskind)*

Lesekompetenz – Aufgaben zu Text 4

401 in einem Waisenhaus

Hinweis: *Du findest die richtige Antwort in der Einleitung zum Text.*

402 Grenouille nimmt an dem Feuerwerk teil, weil …

☒ er einen neuen Geruch sucht.

Hinweis: *Du findest die richtige Antwort in Z. 4f.*

403 Grenouille empfindet das Duftgemisch des Feuerwerks als …

☒ eintönig.

Hinweis: *Du findest die richtige Antwort in Z. 8.*

404 Grenouille ist plötzlich von einem anderen Geruch angezogen, weil der …

☒ so ungewöhnlich ist

Hinweis: *Du kannst die richtige Antwort durch das Ausschlussverfahren ermitteln. Der Duft ist nicht intensiv (1. Antwort), denn er ist nur als Andeutung zu riechen (siehe Z. 18). Dieser Duft ist Grenouille nicht vertraut (2. Antwort), denn er kann sich an nichts Vergleichbares erinnern (siehe Z. 38f.). Doch dieser Duft ist ungewöhnlich (3. Antwort), denn er ist „unbegreiflich […], unbeschreiblich, in keiner Weise einzuordnen" (siehe Z. 39f.).*

405 In der Menschenmenge gerät Grenouille in Panik, weil …
… die Ausdünstungen der Menschenmassen diesen einen Duft blockieren.
oder: … er den Duft verloren hat.

Hinweis: *Du findest die richtige Antwort in Z. 15f.*

406 schlecht vor Aufregung – verzweifelter Glaube – erregte Hilflosigkeit

Hinweis: *Du findest die richtige Reihenfolge im Text: „schlecht vor Aufregung" in Z. 25, „verzweifelter Glaube" in Z. 29 und „erregte Hilflosigkeit" in Z. 37.*

407 Der Leser muss um das Mädchen, das Mirabellen putzt, fürchten, da er aus der Einleitung weiß, das Grenouille Mädchen wegen ihres Duftes tötet/töten wird.

Hinweis: *Du findest die richtige Antwort in der Einleitung zum Text*

408 Grenouille litt Qualen, weil der Duft ihn faszinierte, aber nur sehr zart wahrnehmbar war und immer wieder verschwand.
oder: Grenouille litt Qualen, weil er den Duft unbedingt haben musste.
oder: Grenouille litt Qualen, weil sein Herz litt.

✎ ***Hinweis:*** *Der Text bietet mehrere Antwortmöglichkeiten: Der Duft war nur sehr zart wahrnehmbar (siehe Z. 13–29), er musste den Duft unbedingt haben (siehe Z. 24) und sein Herz litt (siehe Z. 21).*

409 In Z. 44 heißt es, Grenouille durchschritt „traumwandlerisch …“, das bedeutet …

☒ Er geht wie im Traum.

✎ ***Hinweis:*** *Du kannst zum einen von der Bedeutung des Wortes „traumwandlerisch“ ausgehen: Wenn jemand „traumwandelt“, bedeutet das, dass er, während er schläft und träumt, umhergeht. Er reagiert dann nicht auf Rufe, scheint aber ein bestimmtes Ziel zu verfolgen, und nur selten zeigt er Ängste. Wird also von jemandem behauptet, er geht „traumwandlerisch“, so bedeutet das, dass er geistesabwesend, aber zielsicher unterwegs ist und sich auch nicht ablenken lässt. Zum anderen kannst du das Ausschlussverfahren nutzen. Lies dazu den ganzen Satz noch mal: „Traumwandlerisch durchschritt Grenouille […] den Hinterhof, bog um eine Ecke, gelangte in einen zweiten, kleineren Hinterhof, und hier nun endlich war Licht: […]“. Dort findet er die Quelle des Duftes. Also ist die erste Antwort (Er geht zu seinem Traum.) falsch, da der Duft wirklich existiert. Das Erlebnis wird nicht nur geträumt, also ist auch die dritte Antwort falsch.*

410 ☒ 1 und 2

✎ ***Hinweis:*** *Die Sucht Grenouilles nach dem Duft junger Mädchen stellt ihn als besessen (1) dar. Sein Verlangen nach immer neuen und ungewöhnlichen Düften macht deutlich, dass er gierig (2) ist. Einen Hinweis auf Grenouilles „gierigen Charakter“ erhältst du außerdem in Z. 20. Die erste Antwort ist also die richtige.*

411 Der Geruch, den Grenouille wahrnimmt, stammt von …

☒ dem Mädchen

✎ ***Hinweis:*** *Du findest die richtige Antwort in Z. 53 f..*

412 Grenouille wird immer wieder zum Mörder, um aus dem Duft der jungen Mädchen das perfekte Parfum herzustellen.

✎ ***Hinweis:*** *Du findest die richtige Antwort in der Einleitung des Textes.*

Sprachwissen und Sprachbewusstsein – Aufgaben zu Text 4

451 Es gibt mehrere Antwortmöglichkeiten:
funkelte (funkeln), sprühte (sprühen), krachte (krachen), pfiff (pfeifen), auch: bieten, hinterließ (hinterlassen)

Hinweis: *Du findest die richtige Antwort im Text (Z. 6–8). Ein Verb ist ausreichend. Es bleibt dir überlassen, ob du das Verb in der finiten (gebeugten) oder infiniten (ungebeugten) Form notierst.*

452 Es gibt mehrere Antwortmöglichkeiten:
wurde verdeckt, (wurde) blockiert, (wurde) zerstückelt, (wurde) zerrieben

Hinweis: *Das Passiv wird gebildet mit einer Form des Hilfsverbs „werden" und dem Partizip Perfekt (Partizip II) des Verbs. Achte darauf, dass sich das Hilfsverb „werden" („wurde") nicht nur auf „verdeckt" bezieht, sondern auch auf die drei anderen Partizipien. Wenn du dich also für „blockiert", „zerstückelt" oder „zerrieben" entscheidest, solltest du „wurde" auf jeden Fall in Klammern mit angeben, da sonst die Passivform nicht vollständig ist. Eine Antwort ist ausreichend.*

453 Es gibt mehrere Antwortmöglichkeiten:
z. B. erschnuppern (Z. 5), blähte die Nüstern (Z. 13)

Hinweis: *Lies den Text noch einmal und sei bei den Textstellen, in denen beschrieben wird, dass Grenouille einen Duft wahrnimmt, besonders aufmerksam. Eine Antwort ist ausreichend. Es wird nicht gefordert, dass du die Zeile notierst.*

454 Es gibt mehrere Antwortmöglichkeiten:
unverwechselbar deutlich (Z. 34), zart, fein (Z. 35), unbegreiflich, unbeschreiblich (Z. 39)

Hinweis: *Lies den Abschnitt noch einmal und sei besonders aufmerksam, wenn der Geruch mit Adjektiven (Eigenschaftswörtern) beschrieben wird. Zwei Antworten sind ausreichend. Es wird nicht gefordert, dass du die Zeile notierst.*

455 a) Es gibt mehrere Antwortmöglichkeiten:
unregelmäßiges/starkes Verb: saß (sitzen), nahm (nehmen), ließ fallen (fallen lassen)

Hinweis: *Starke Verben erkennst du daran, dass sie ihren Stammvokal verändern: z. B. sitzen – saß – gesessen. Man sagt daher auch, sie werden unregelmäßig gebildet. Eine Antwort ist ausreichend.*

b) Es gibt mehrere Antwortmöglichkeiten:
regelmäßiges/schwaches Verb: putzte (putzen), entstielte (entstielen), entkernte (entkernen)

Hinweis: Schwache Verben erkennst du daran, dass ihr Stammvokal gleich bleibt und zur Bildung des Präteritums und des Partizip Perfekts ein -t hinter dem Wortstamm eingefügt wird, z. B. putzen – putzte – geputzt. Eine Antwort ist ausreichend.

5 Schreibkompetenz – Aufgaben zur Überarbeitung der Filmkritik

581 [X] Das große Nasentheater

Hinweis: Eine Metapher ist ein bildhafter Ausdruck. Nur die erste Formulierung ist als bildhafter Ausdruck zu verstehen: Wenn der Begriff „Film" durch die Metapher „Nasentheater" ersetzt wird, entsteht der Eindruck, in diesem Theater würden Nasen die Hauptrolle spielen. Damit wird angezeigt, dass es um das Riechen oder den Geruchssinn geht.

582

Streichung	Korrektur
a) „Schnüffelnd tritt er aus dem ~~dunkeln~~ und wirkt dabei nicht gefährlich, sondern nur artig." (Z. 12 f.)	Dunkeln
b) „Für die Kenner des Romans ist er eine krasse ~~Entäuschung~~, ..." (Z. 23 f.)	Enttäuschung

*Hinweis: **zu a)** In der Wortgruppe „aus dem Dunkeln" stellt „Dunkeln" eine Nominalisierung dar und wird deshalb großgeschrieben.*
***zu b)** „Enttäuschung" setzt sich aus der Vorsilbe „ent-", dem Stamm des Verbs „täuschen" und der Endung „-ung" zusammen. Dadurch werden an der Silbengrenze zwei „t" geschrieben.*

583 a) Wendung 1: eine krasse Enttäuschung
Wendung 2: ein megacooler Sehgenuss

b) zu 1: eine große/herbe/starke/bittere Enttäuschung
zu 2: ein beeindruckender/außerordentliche/großartiger/herausragender Sehgenuss

Hinweis: Die Worte „krass" und „megacool" müssen gegen ein Wort aus der Standardsprache ausgetauscht werden. Falls dir das schwerfällt, stell dir vor, du willst deinem/r Deutschlehrer/in von dem Film erzählen.

584 „Der Held, Jean-Baptiste Grenouille, kann im Roman mit der Nase ‚sehen' und ist ein wahrer

das

Geruchsteufel, ein Monster, ~~der~~ die wahnsinnige Idee hat, aus dem Geruch von jungen Frauen das perfekte Parfum zu entwickeln." (Z. 8–11).

Hinweis: *Da „Monster" ein Neutrum/sächliches Nomen ist, muss das Relativpronomen „das" verwendet werden.*

585 a) Da Romanverfilmungen immer schon groß in Mode waren**,** musste 2006 auch ‚Das Parfum' von Patrick Süßkind dafür herhalten. (Z. 3 f.)

Hinweis: *Hier liegt ein Satzgefüge vor: „Da Romanverfilmungen immer schon groß in Mode waren …" ist ein kausaler Nebensatz und muss durch ein Komma vom Hauptsatz abgetrennt werden.*

b) „Er wirkt ausgesprochen detailverliebt, und zeigt ein getreues Bild vom Paris des 18. Jahrhunderts …" (Z. 16 f.)

Hinweis: *Hier liegt eine Aufzählung von zwei Teilsätzen vor, die durch die Konjunktion „und" miteinander verbunden sind. Das Subjekt „er" bezieht sich auf beide Teilsätze; es wird nach dem „und" nicht noch einmal wiederholt. In einem solchen Fall darfst du nie ein Komma setzen.*

586

Streichung	Korrektur
a) „Der Film hat etwas von ~~ein~~ Kriminalfilm." (Z. 16)	einem
b) „Untermalt wird der karge Monolog von ~~laute~~ Musik: …" (Z. 19 f.)	lauter
c) „Aber nirgends gibt es ~~ein~~ Geruch." (Z. 20)	einen

Hinweis: zu a) *Die Präposition „von" verlangt den 3. Fall/Dativ für das folgende Nomen und seinen Artikel: ein Kriminalfilm – von ein<u>em</u> Kriminalfilm.*
zu b) *Die Präposition „von" verlangt den 3. Fall/Dativ für das nachfolgende Nomen. Da sich das Adjektiv „laut" auf das Nomen „Musik" bezieht, muss es ebenfalls im Dativ stehen: laute Musik – von lauter Musik.*
zu c) *Das Verb „geben" benötigt ein Akkusativobjekt, um einen sinnvollen Satz zu bilden: ein Geruch – Es gibt (nirgends) einen Geruch.*

6 Schreibkompetenz – Verfassen eines Textes

Liebe Cindy,
für nächste Woche sind wir doch fürs Kino verabredet. Ich würde mir mit dir gern einen Film ansehen, dessen Trailer ich gestern im Internet gesehen habe: „Das Parfum". Er ist eine Romanverfilmung. Vielleicht kennst du das Buch? Es geht um einen Mann, der junge Mädchen ermordet, um aus ihrem Geruch ein Parfum herzustellen. Eine gruselige Vorstellung!
Der Trailer hat mich sehr fasziniert. Die Geschichte spielt im Paris des 18. Jahrhunderts, und die Darsteller tragen deshalb wunderschöne alte Kostüme. Die historische Kulisse soll sehr detailgetreu nachgestellt sein, sodass man sich sicher ein gutes Bild davon machen kann, wie das Leben damals ablief.
Der Film dreht sich um Gerüche. Ich finde es spannend, zu erfahren, ob es dem Regisseur gelungen ist, diese sinnliche Erfahrung in Bilder umzusetzen. In einem Ausschnitt kann der Zuschauer sehen, wie Grenouille (der Hauptdarsteller) ein Mädchen, das am Ende der Stadt im Garten sitzt, nur anhand ihres Geruchs ausfindig macht. Dabei blähen sich seine Nasenflügel immer wieder auf und ziehen sich danach zusammen. In dem kleinen Filmausschnitt auf dem Monitor war nichts als diese bebenden Nasenflügel zu sehen. Wie mag das auf der Kinoleinwand wirken? Ich hatte während dieser Szene das Gefühl, dass ich tief mitatmen muss.
Außerdem möchte ich gern überprüfen, wie mir der Film im Vergleich zum Buch gefällt. Es wird ja behauptet, dass der Film im Vergleich zum Roman schlechter abschneide. In einer Kritik habe ich gelesen, dass er „oft eine Spur harmloser als seine literarische Vorlage" sei. Deshalb möchte ich nach dem Kinobesuch den Roman lesen und mir dann eine eigene Meinung bilden.
Ich hoffe sehr, dass ich dein Interesse wecken konnte. Lass uns den Film zusammen sehen. Ich bin schon ganz gespannt darauf!

Viele Grüße
Deine Annika

Hinweis: *Die Aufgabenstellung gibt vor, dass du planst, mit einem Freund/ einer Freundin ins Kino zu gehen. Dort läuft zurzeit der Film „Das Parfum – Die Geschichte eines Mörders". Einige Informationen über den Film hast du in den beiden letzten Texten der Prüfungsaufgaben erhalten. Nun sollst du dich für oder gegen den Film entscheiden und deinen Freund/deine Freundin von deiner Meinung überzeugen. Es wird also von dir verlangt, eine* ***Stellungnahme*** *zu formulieren. Deine Meinung sollst du deinem Freund/deiner Freundin in einer* ***E-Mail*** *mitteilen, die in Standardsprache verfasst ist. Achte daher darauf, keine umgangssprachlichen Begriffe und keine Smileys, Zeichen und Abkürzungen zu verwenden, die nicht im Duden verzeichnet sind.*

Laut Aufgabenstellung sollst du ***drei Argumente*** *ausformulieren. Es wird nicht gesagt, dass du dich für deine Argumentation ausschließlich auf die Texte der vorangehenden Aufgaben beziehen sollst. Das bedeutet, dass du auch eigene Argumente mithilfe deines Erfahrungswissens entwickeln kannst. Es hilft dir aber auf jeden Fall, die Texte von Aufgabe 4 und besonders Aufgabe 5 noch einmal zu lesen und die Argumente für oder gegen den Film zu unterstreichen. Eine mögliche Variante wäre, drei Argumente für deine* ***Position*** *auszuführen, allerdings ist es auch möglich, zwei Argumente und ein Gegenargument auszuwählen und dieses zu entkräften.*
Es ist nicht vorgegeben, wie lang dein Text sein soll, eine E-Mail ist in der Regel aber kurz und knapp formuliert. Du musst deine Argumente also nicht ausführlich beschreiben. Achte aber darauf, zu jedem Argument ein Beispiel oder einen Textbeleg zu nennen. Bringe deine Argumente in eine ***sinnvolle Reihenfolge****, sodass du sie gut miteinander verknüpfen kannst.*
Der Text in der Musterlösung spricht sich für den Besuch des Films aus und ist folgendermaßen aufgebaut:
1. Argument: *Die Geschichte spielt im Paris des 18. Jahrhunderts. Der Film wurde mit wunderschönen alten Kostümen und historischer Kulisse ausgestattet und gibt so Einblick in die damalige Zeit.*
2. Argument: *In der Geschichte werden Düfte als Bilder sichtbar gemacht. Es ist interessant, wie Gerüche in Bilder umgesetzt werden.*
3. Argument: *Es wird behauptet, dass der Film im Vergleich mit dem Roman harmloser sein soll. Diese Behauptung soll überprüft werden. Nach dem Kinobesuch soll der Film mit der Romanvorlage verglichen werden.*
Ebenso ist es möglich, Argumente gegen den Besuch des Films auszuführen. Am Schluss solltest du noch einmal ausdrücklich sagen, ob du zu einem gemeinsamen Kinobesuch rätst oder nicht.
Achte auf die ***sprachliche Richtigkeit*** *und die* ***Verständlichkeit deiner Sätze****. Am besten formulierst du deine Argumente auf einem Schmierblatt vor. Nimm dir Zeit, jedes Argument noch einmal genau durchzusehen, ehe du es ins Reine schreibst.*

Mittlerer Schulabschluss Berlin
Deutsch 2008

1 Unsere großen Nesthocker

Die neuen Spätauszieher sind typisch für unsere Gesellschaft.
Von Jörg von Irmer

1 Für junge Erwachsene ist der Auszug aus dem Elternhaus und die damit verbundene Unabhängigkeit von den Eltern ein dramatischer Schritt. Es ist jedoch eine Entwicklungsaufgabe, die immer häufiger nach hinten verschoben wird. Viele junge Erwachsene beschließen heute, länger im Nest hocken zu bleiben.

5 Auffällig ist an der Entwicklung zweierlei: Zum einen hat sich innerhalb der letzten 30 Jahre das durchschnittliche Auszugsalter (definiert als das Alter, zu dem die Hälfte der gleichaltrigen Personen ausgezogen ist) um etwa zwei Jahre nach hinten verlagert. Heute liegt es in etwa bei 21 Jahren für Frauen und 23 Jahren für Männer. Zum anderen sind diese jungen Erwachsenen, die später ausziehen, aber 10 auch vermehrt in der Mittelschicht anzutreffen und nicht mehr nur in privilegierteren[1] Familien.

Nesthocker könnten, so eine These, zu den Verlierern der Leistungsgesellschaft gehören, weil sie die Grundbedingungen Selbstständigkeit und Flexibilität nicht mitbringen.

15 Vor allem die familiären Faktoren müssen deshalb in den Blick genommen werden. Zentral für eine erwachsene Eltern-Kind-Beziehung ist der Prozess der Individuation[2]. Dieser beschreibt eine grundlegende Umstrukturierung der Beziehung: weg vom Rollenverhalten als Eltern und Kind, hin zu einer Beziehung auf gleicher Augenhöhe, auf der sich nun zwei erwachsene Menschen begegnen. Dabei 20 kommt es zu einem Gleichgewicht zwischen der Unabhängigkeit des „Kindes" einerseits und dem Aufrechterhalten der Beziehung andererseits. Dieser Prozess läuft nicht ohne Konflikte ab.

Die Familienbeziehungen von Frühausziehern und Nesthockern unterscheiden sich schon während der Pubertät: Nesthocker werden in ihrer Unabhängigkeit von 25 den Eltern erst später unterstützt, und die Familienmitglieder berichten insgesamt über weniger Konflikte. Frühauszieher suchen hingegen schon früh außerhalb der Familie enge Beziehungen: 60 Prozent der Frühauszieher hatten bereits mit 16 Jahren einen Partner – aber nur 20 Prozent der späteren Nesthocker. Das zeigt, dass der konfliktgeladene Aushandlungsprozess, der zur Individuation dazugehört, 30 und die Loslösung von den Eltern in vielen Nesthockerfamilien schon während der Pubertät behindert wird.

Eine weitere parallele Entwicklung der letzten Jahre ist, dass junge Erwachsene oft ohne große Einschränkungen im Elternhaus wohnen können. Damit stellt

sich für heutige junge Erwachsene die Frage, weswegen sie überhaupt ausziehen
35 und die ganzen Unbequemlichkeiten und Risiken des Alltags auf sich nehmen sollen.

Sie können doch auch gut zu Hause wohnen bleiben und trotzdem ihr eigenes Leben leben. Nur das Führen von Partnerschaften kann dadurch erschwert werden. Welcher Erwachsene möchte schon gerne seine neue Eroberung in sein Kin-
40 derzimmer mitnehmen?

Aus psychologischer Sicht ist das Nesthocken jedoch nur bedenklich, wenn die erwachsenen Kinder von ihren Eltern lange und tief greifend emotional abhängig sind. In einem solchen Abhängigkeitsverhältnis werden sich Eltern und Kinder nicht auf gleicher Augenhöhe begegnen können. Die Kinder bleiben Kin-
45 der, statt selber Eltern zu werden. Aber es gibt unvermeidliche ökonomische oder familiäre Bedingungen, die dazu führen, dass Kinder zu Hause wohnen bleiben.

Wie sich das relativ neue Phänomen der Nesthockerei langfristig auswirken wird, ist noch offen.

Quelle: Der Tagesspiegel vom 27. 04. 2007

1 privilegiert: Jemand ist mit einer Sonderstellung, mit besonderen Vorrechten ausgestattet.
2 Individuation: Prozess der Selbstfindung des Menschen, in dessen Verlauf er sich der eigenen Individualität bewusst wird

Lesekompetenz –
Aufgaben zu Text 1 „Unsere großen Nesthocker" Punkte

101 Im Untertitel wird der Begriff „Nesthocker" durch ein anderes Wort ersetzt. Notieren Sie das Wort. 1

____

102 Im Text ist von „Unbequemlichkeiten und Risiken des Alltags" die Rede, die junge Erwachsene auf sich nehmen (Z. 35).
Notieren Sie (a) ein Beispiel für eine Unbequemlichkeit und (b) ein Beispiel für ein Risiko des Alltags aus Ihrem Alltagswissen.

a) ______________________________ 1

b) ______________________________ 1

103 Der Auszug aus dem Elternhaus ist eine Entwicklungsaufgabe. Damit ist eine Aufgabe gemeint, die … 1

- ☐ sich entwickeln muss.
- ☐ man entwickeln muss.
- ☐ zur eigenen Entwicklung gehört.
- ☐ von den Eltern entwickelt wird.

104 Das Auszugsalter hat sich in den letzten Jahrzehnten verändert. Notieren Sie diesen Zeitraum. 1

____

105 Das durchschnittliche Auszugsalter hat sich bei Männern und Frauen im Vergleich zu früher geändert. Notieren Sie das entsprechende Auszugsalter in folgender Tabelle. 2

	früher	heute
Männer		
Frauen		

106 Nach Aussage des Textes (Z. 1–4) lässt sich der Auszug aus dem Elternhaus entwicklungspsychologisch gleichsetzen mit dem … 1

- ☐ Verlust der Eltern.
- ☐ Verlust des Zuhauses.
- ☐ Gewinn von Unabhängigkeit.
- ☐ Gewinn von neuen Erwartungen.

107 Voraussetzung für das Bestehen in der Leistungsgesellschaft sind zwei Fähigkeiten, die von „Nesthockern“ häufig NICHT erworben werden (Z. 12–22). Notieren Sie diese. 1

____

____

108 Im Folgenden finden Sie Merkmale des Prozesses der Individuation (Z. 12–22). Bringen Sie diese in die Reihenfolge, wie sie im Text genannt werden. Notieren Sie die Nummern 1 bis 4. 1

		Nummer
a)	Beziehung auf gleicher Augenhöhe	______
b)	Gleichgewicht zwischen Unabhängigkeit des Kindes und Aufrechterhalten der Beziehung	______
c)	Prozessablauf nicht ohne Konflikte	______
d)	weg vom Rollenverhalten als Eltern und Kind	______

109 Der Prozess der Loslösung des jungen Erwachsenen läuft nicht ohne Konflikte mit den Eltern ab (Z. 21 f.). Notieren Sie ein Beispiel für einen solchen Konflikt aus Ihrem Alltagswissen. 1

____

____

110 Bereits in der Pubertät gibt es Unterschiede zwischen Nesthockern und Frühausziehern. Notieren Sie je zwei Unterscheidungsmerkmale aus dem Text. 2

Nesthocker	**Frühauszieher**

111 Im Text steht „es gibt unvermeidliche ökonomische oder familiäre Bedingungen" (Z. 45 f.), weshalb erwachsene Kinder zu Hause wohnen bleiben. Notieren Sie ein Beispiel für eine dieser Bedingungen aus Ihrem Alltagswissen. 2

____

____

112 Aus psychologischer Sicht ist das Nesthocken problematisch, wenn … 1

- ☐ Kinder von den Eltern wirtschaftlich abhängig sind.
- ☐ Kinder von den Eltern emotional abhängig sind.
- ☐ Kinder und Eltern sich auf Augenhöhe begegnen.
- ☐ Kinder und Eltern einander ständig kritisieren.

113 Erklären Sie den sprachlichen Ausdruck: „auf gleicher Augenhöhe". (Z. 28 f.). 2

____

____

114 Im Text wird der Auszug aus dem Elternhaus als ein „dramatischer Schritt" (Z. 2) beschrieben. Ersetzen Sie den Begriff „dramatisch" durch einen anderen passenden. 1

- ☐ tragischer
- ☐ theatralischer
- ☐ amüsanter
- ☐ folgenreicher

115 Der Stil des Verfassers ist … 2

- ☐ informierend.
- ☐ appellierend.
- ☐ erzählend.
- ☐ kommentierend.

Lesekompetenz gesamt **21**

Sprachwissen und Sprachbewusstsein – Aufgaben zu Text 1

Punkte

151 Der Satz in Z. 5 beginnt mit der Formulierung „Zum einen …". Notieren Sie die dazu gehörende Fortsetzung aus dem Text. 1

____

152 Der Autor verwendet verschiedene Stilmittel.
Ordnen Sie jedem Satz die richtige Nummer zu.

1) Hauptsatz
2) Satzreihe/Satzverbindung
3) Satzgefüge mit Konjunktionalsatz
4) Satzgefüge mit Relativsatz

Nummer

a) „Es ist jedoch eine Entwicklungsaufgabe, die immer häufiger nach hinten verschoben wird.“ (Z. 2 f.) ______ 1

b) Nesthocker werden in ihrer Unabhängigkeit von den Eltern erst später unterstützt und die Familienmitglieder berichten insgesamt über weniger Konflikte.“ (Z. 24–26) ______ 1

c) „Eine weitere parallele Entwicklung der letzten Jahre ist, dass junge Erwachsene oft ohne große Einschränkungen im Elternhaus wohnen können.“ (Z. 32 f.) ______ 1

153 In Zeile 9 f. heißt es „... aber auch vermehrt in der Mittelschicht anzutreffen ...“. Ersetzen Sie das Wort „vermehrt“ durch ein anderes passendes Wort. 1

____

154 Es gibt typische Nomen-Endungen (z. B. „-heit“, „-schaft“). In Zeile 12–22 finden Sie mehrere Nomen, die andere typische Nomen-Endungen haben.
Notieren Sie zwei Beispiele mit unterschiedlichen Endungen aus dem Text. 1

- ______________________________
- ______________________________

155 Begründen Sie die Großschreibung der unterstrichenen Wörter mit jeweils einer Regel.

a) „Auffällig ist an der Entwicklung zweierlei: Zum einen ...“ (Z. 5) 1

Regel: ______________________________

____

b) „Vor allem die ... müssen deshalb in den Blick genommen werden.“ (Z. 15 f.) 1

Regel: ______________________________

____

c) „Dieser Prozess läuft nicht ohne Konflikte ab.“ (Z. 21 f.) 1

Regel: ______________________________

____

d) „Nur das Führen von Partnerschaften kann dadurch erschwert werden.“ (Z. 38 f.) 1

Regel: ______________________________________

____

156 Unterstreichen Sie in den folgenden Sätzen jeweils das vollständige Subjekt.

a) „Dieser Prozess läuft nicht ohne Konflikte ab.“ (Z. 21 f.) 1

b) „Nur das Führen von Partnerschaften kann dadurch erschwert werden.” (Z. 38 f.) 1

157 Unterstreichen Sie in den folgenden Sätzen jeweils die finite Verbform.

a) „Dieser beschreibt eine grundlegende Umstrukturierung der Beziehung.“ (Z. 17 f.) 1

b) „Nesthocker werden in ihrer Unabhängigkeit von den Eltern erst später unterstützt …“ (Z. 24 f.) 1

158 In dem folgenden Satz gibt es drei Konjunktionen (Bindewörter). Unterstreichen Sie sie. 1

„Aber es gibt unvermeidliche ökonomische oder familiäre Bedingungen, die dazu führen, dass Kinder zu Hause wohnen bleiben.“ (Z. 45 f.)

159 Ergänzen Sie die beiden Tempusformen (Zeitformen).

Präsens	er „beschreibt“ (Z. 17)	
a) Präteritum	er ____________	1
b) Futur I	er ____________	1

160 In Z. 12 f. heißt es: „Nesthocker könnten, so eine These, zu den Verlierern der Leistungsgesellschaft gehören …“. Was ist damit gemeint? 2

☐ Es wird vermutet, dass Nesthocker zu den Verlierern der Leistungsgesellschaft gehören könnten.

☐ Es wird gewünscht, dass Nesthocker zu den Verlierern der Leistungsgesellschaft gehören könnten.

☐ Es ist bewiesen, dass Nesthocker zu den Verlierern der Leistungsgesellschaft gehören könnten.

☐ Es wird gehofft, dass Nesthocker zu den Verlierern der Leistungsgesellschaft gehören könnten.

161 Tempus (Zeitform) des Textes ist vor allem … 1

- ☐ Präteritum.
- ☐ Futur.
- ☐ Perfekt.
- ☐ Präsens.

162 In Z. 23–31 finden Sie mehrere zusammengesetzte Nomen wie z. B. „Nesthocker“. Ergänzen Sie drei. 2

____

____

163 Unterstreichen Sie das Präpositionalobjekt in dem folgenden Satz: 1
„Dieser Prozess läuft nicht ohne Konflikte ab.“ (Z. 21 f.)

Sprachwissen gesamt 23

2 Nesthocker
(Gegensatz: Nestflüchter)

1 Das Begriffspaar Nesthocker und Nestflüchter stammt aus der Verhaltensforschung.
Dort war es ursprünglich „nur für Vögel gebräuchlich und bezog sich primär auf den Zeitpunkt, zu dem die Jungen das Nest verlassen“ (Klaus Immelmann 1982). Mittlerweile wird das Begriffspaar auch auf Säugetiere und sogar Fische an-
5 gewandt, die gar kein Nest bauen.
Bei den Säugern gilt im Allgemeinen, dass sich Nestflüchter unter den stammesgeschichtlich jüngeren, d. h. fortschrittlicheren Arten finden.
Der Begriff Nesthocker ist seit den 90er-Jahren auch in der Alltagssprache und in der populärwissenschaftlichen Literatur für Jugendliche gebräuchlich, die
10 erst spät aus dem Elternhaus ausziehen.
In der Entwicklungspsychologie gelten die Spätauszieher als unselbstständig und in der Entwicklung zurückgeblieben.

Quelle: www.single-generation.de/glossar/nesthocker.htm (Bernd Kittlaus)

Lesekompetenz – Aufgaben zu Text 2 „Nesthocker“

		Punkte
201	Für wen wird der Begriff Nesthocker NICHT verwendet? ☐ für Vögel ☐ für Insekten ☐ für Fische ☐ für Säugetiere	1
202	Aus welchem biologischen Bereich stammt der Begriff Nesthocker ursprünglich? ____	1
203	Seit wann ist der Begriff „Nesthocker“ nicht nur für Tiere gebräuchlich? ____	1
204	In der Definition zu dem Begriff Nesthocker (Text 2) wird der Spätauszieher als unselbständig und in der Entwicklung zurückgeblieben beschrieben. Notieren Sie ein Beispiel für seine Unselbstständigkeit aus Ihrem Alltagswissen. ____ ____	2
205	Entkräften Sie die Behauptung in Text 2: Spätauszieher gelten als „unselbstständig und in der Entwicklung zurückgeblieben“ (Z. 11 f.) durch eine Aussage aus Text 1. ____ ____	2
	Lesekompetenz gesamt	**7**

3 Wohnungsanzeigen

Bezirk Prenzlauer Berg

Zi.	Lage	m²	Miete	NK/Bek	Pr	weitere Infos	Anbieter	Telefon
1	Wichertstr. 1/san.AB	28	196,-k	inkl.	+	3. OG, SFL, GEH, mod. Bd, Kü, So. Bes. 14 h	LOGIART GmbH	44 44 85 85
1	Pappelalle 7/8	33	160,-k	zzgl.	+	ZH, Dn, zur Untermiete	Privat	0178/2929290
1	Bötzowstraße 18	36	308,-w	60,-	+	Topsan. AB, SFL, EBK, mod. W-B, ZH, Bk, Dn	Eike Sprie Immobilien	3 23 23 23
1	Winsstr.	40	325,-w	inkl.	0	1. OG, AB, Stuck, GEH, gr. Kü, 3 MMK	Privat su. Nachmieter	0174/3456789
1	Kopenhagener Str. 32	41	287,-w	61.50	+	AB, 2. OG, GEH, Du, EBK, Bk	Augsburg Immobilien	0151/15151515
1	Danziger Str. 157 △	43	227,-k	inkl.	0	4. OG, Küche, Duschbad, Ofenhzg., Kl.	Forfeigt Immobilien	30 87 29 81
1	Kuglerstr. 6	44	199,-w	inkl.	+	AB, 1. OG, GEH, Dn, W-B, ren.	www.erdinev.de	37 47 37 47
1	Esmarchstr. 23	48	460,-w	inkl.	+	VH, Dielen, hell, EBK, s.gepflegt	Uergeba Immobilien	9999 9999
1	Szenelage-sehr ruhig	50	260,-k	inkl.	+	Pappelallee 7/8, hell, ZH, Dn, Bd, ren.	www.erdinev.de	37 47 37 47
1	Heinz-Bartsch-Str. 16	50	395,-w	inkl.	+	stilv. AB, Laminat, Balkon, hell, Parkblick	Uergeba Immobilien	99 99 99 99
1	Erich-Weinert-Str. 11	51	309,-k	104,-	+	mod. AB, HH, EG, Bad, Fliesen	Augsburg Immobilien	0151/15151515
1	Helmholtzplatz, san. AB	51	384,-k	zzgl.	0	4. OG, Dn, WB, GEH, stilv., hell, gr. Ga	Privat, Tel. Montag 10–13 h	0172/3133133
1	Lychener Str. 74	51	317,-k	60,-	0	4. OG, HH, abgez. Dielen, Sa., Bes. 15:30	v. Hauptverwaltung	98 98 98 98
1	Finnländische Str. 10	54	395,-w	inkl.	0	AB, VH, EG, hell, ZH, gefl. Du, gr. Kü, Km	Kammler Immobilien	68 68 68 68

Das Besondere an der Immobilie:
△ Dachgeschoss

Alle Abkürzungen auf einen Blick:

Alle Wohnungsangebote sind von gewerblichen Anbietern, sofern im Feld „Anbieter" nicht „Privat" oder „Chiffre" steht. Bei Wohnungsangeboten mit Gasetagen -, Ofenheizung oder Bruttokaltmieten bezieht sich die Angabe NK/Bek nur auf die Betriebskosten, da die Heizkosten gesondert abgerechnet werden (bei Brutto-Kaltmiete steht „+ Hk"). Die Angaben in den Feldern „m²", „Miete" und „NK/Bek" sind ggf. gerundet. Chiffrezuschriften an:
Der Tagesspiegel, Potsdamerstraße 87, 10785 Berlin, Telefon (030) 260 09-700, Fax (030) 260 09-777

+(Pr) = mit Provision
0(Pr) = ohne Provision
2. Fö = 2. Förderweg
AB = Altbau
Bd = Bad/Bäder
BeK = Betriebskosten
Bk = Balkon
DHH = Doppelhaushälfte
Dn = Dielen
Du = Dusche
EBK = Einbauküche
Eb = Erstbezug
EG = Erdgeschoss
F = Fahrstuhl
FbH = Fußbodenheizung
G-WC = Gäste-WC
GA = Genossenschaftsanteil
Ga = Garten
GaH = Gartenhaus
Gal = Galerie
Gar = Garage/Tiefgarage
gfl. = gefliest
GEH = Gasetagenheizung

Hb = Hausbesichtigung
HH = Hinterhaus
Hk = Heizkosten
Hob = Hobbyraum
HP = Hochparterre
Imm = Immobilien
Ka = Kamin
Kab = Kabelanschluss
Kfz = Autostellplatz
Kl = Keller
Km = Kammer
Kt = Kaution
Lg = Loggia
MaBd = Marmorbad
MMK = Monatsmiete(n) Kaution
Mn = Maisonette
NB = Neubau
NK = Nebenkosten
NM = Nachmieter
OG = Obergeschoss
OH = Ofenheizung
Öl = Ölheizung

Pk = Parkett
ren = renoviert
renbed = renovierungsbedürftig
RlvF = RlvF-Bescheinigung
ruh = ruhig
SFL = Seitenflügel
Sou = Souterrain
St = Stuck
Sv = Stadtvilla
tgw = teilgewerblich nutzbar
t-möb = teilmöbliert
Tep = Teppichboden
Ter = Terrasse
US-Kü = amerikanische Küche
vg = verkehrsgünstig
VH = Vorderhaus
v-möb = vollmöbliert
W-B = Wannenbad
WBS = Wohnberechtigungsschein
Wg = Wintergarten
ZH = Zentralheizung

Quelle: DER TAGESSPIEGEL vom 10. 11. 2007 (geändert)

Lesekompetenz – Aufgaben zur Grafik „Wohnungsanzeigen" Punkte

301 Felix sucht mit seiner Freundin eine Einzimmerwohnung, die nicht über 260 € warm kostet und mindestens 44 m^2 hat.
Notieren Sie die Wohnung, die infrage kommt. 1

____

302 Welche Wohnungen kann man ganz sicher am Wochenende ansehen? Notieren Sie die Straßennamen. 1

- ______________________________
- ______________________________

303 Luise interessiert sich für die Wohnung in der Winsstraße.

a) Wie hoch ist die Provision für diese Wohnung? 1

____

b) Was bedeutet 3 MMK? Schreiben Sie die Abkürzung aus. 1

____

304 Bei einigen Angeboten werden Vorderhauswohnungen inseriert. Notieren Sie die Lage (Straße). 1

- ______________________________
- ______________________________

305 Die Wohnung am Helmholtzplatz hat einen privaten Anbieter. Wie und wann kann man mit ihm Kontakt aufnehmen? 1

Wie: ______________________________

Wann: ______________________________

306 Wie heißt der Anbieter des Dachgeschosses? 1

____

307 Kim sucht eine Wohnung, die größer als 40 m^2 ist und einen Balkon hat. Wie viele Angebote findet sie? 1

- ☐ eine Wohnung
- ☐ zwei Wohnungen
- ☐ drei Wohnungen
- ☐ vier Wohnungen

308 Pit sucht eine Wohnung, die ein Bad mit Dusche oder Wanne hat, einen Balkon und eine Küche oder Einbauküche hat und nicht über 350 € warm inklusive Nebenkosten kostet.

a) Markieren Sie in der Tabelle, was für die jeweilige Wohnung infrage kommt, mit: (+) für „trifft zu“ und (-) für „trifft nicht zu“. 3

	Bad mit Dusche oder Wanne	**Balkon**	**Küche oder Einbauküche**	**nicht über 350 € warm inklusive Nebenkosten**
Bötzowstraße				
Finnländische Straße				
Kopenhagener Straße				

b) Welche der Wohnungen erfüllt die meisten Bedingungen? Notieren Sie sie. 1

____

Lesekompetenz gesamt **12**

4 Besuch vom Lande
Erich Kästner

1 Sie stehen verstört am Potsdamer Platz.
Und finden Berlin zu laut.
Die Nacht glüht auf in Kilowatts.
Ein Fräulein sagt heiser: „Komm mit, mein Schatz!“
5 Und zeigt entsetzlich viel Haut.

Sie wissen vor Staunen nicht aus und nicht ein.
Sie stehen und wundern sich bloß.
Die Bahnen rasseln. Die Autos schrein.
Sie möchten am liebsten zu Hause sein.
10 Und finden Berlin zu groß.

Es klingt, als ob die Großstadt stöhnt,
weil irgendwer sie schilt[1].
Die Häuser funkeln. Die U-Bahn dröhnt.
Sie sind das alles so gar nicht gewöhnt.
15 Und finden Berlin zu wild.

Sie machen vor Angst die Beine krumm.
Und machen alles verkehrt.
Sie lächeln bestürzt. Und sie warten dumm.
Und stehn auf dem Potsdamer Platz herum,
20 bis man sie überfährt.

Quelle: Erich Kästner: Gedichte. Zürich: Atrium Verlag 1960.

1 schilt: ausschimpft

Lesekompetenz – Aufgaben zum Gedicht „Besuch vom Lande“ Punkte

401 Wer ist im Gedicht mit „sie“ gemeint? 1

- ☐ Reisende vom Lande
- ☐ Besuch aus der Stadt
- ☐ Besuch aus Berlin
- ☐ Touristen aus dem Ausland

402 Berlin wird hier als eine Stadt beschrieben, die Touristen die Möglichkeit bietet, … 1

- ☐ sich im Trubel der Großstadt richtig wohlzufühlen.
- ☐ Abstand vom Alltag zu gewinnen und sich zu erholen.
- ☐ Eindrücke zu gewinnen, die verwunderlich und beängstigend sind.
- ☐ sich in Ruhe die Sehenswürdigkeiten anzusehen.

403 An welchem Ort in Berlin befinden sich diese Personen? 1

____

404 Die Menschen, die nach Berlin fahren, zeigen im Gedicht unterschiedliche Reaktionen. Notieren Sie (a) eine positive und (b) eine negative Reaktion der Menschen auf die Stadt Berlin.

a) ____ 1

b) ____ 1

405 Berlin wird im Gedicht als eine Stadt beschrieben, die …

	richtig	falsch	
a) viele verkehrsberuhigte Zonen hat.	☐	☐	1
b) laut und lebhaft ist.	☐	☐	1
c) schmutzig und unattraktiv ist.	☐	☐	1
d) nachts immer hell erleuchtet ist.	☐	☐	1

406 Der Autor verwendet verschiedene Stilmittel.
Ordnen Sie jedem Satz die richtige Nummer zu.

1) Alliteration (gleicher Anfangsbuchstabe mehrerer aufeinanderfolgender Wörter)
2) Personifikation (Dinge, Tiere, Pflanzen haben menschliche Eigenschaften oder Verhaltensweisen)
3) Anapher (Wiederholung am Versanfang)

	Nummer	
a) „Die Autos schrein.“ (V. 8)		1
b) „Sie wissen vor Staunen nicht aus und nicht ein. Sie stehen und wundern sich bloß.“ (V 6 f.)		1

407 Notieren Sie je ein Verb oder Adjektiv, mit dem im Gedicht (a) Lautstärke und (b) Helligkeit ausgedrückt wird.

a) Lautstärke: ______________________________ 1

b) Helligkeit: ______________________________ 1

408 Im Vergleich zu Berlin empfinden die Besucher das Leben in ihrem Heimatort offensichtlich als … 1

☐ bedrückend.
☐ viel aufregender.
☐ gewöhnungsbedürftig.
☐ weniger anstrengend.

409 Im Gedicht …

		richtig	falsch	
a)	wird die Stadt Berlin als eine sympathische, menschenfreundliche Stadt dargestellt.	☐	☐	1
b)	wird die Angst, die Berlin als Stadt bei den Besuchern auslöst, deutlich.	☐	☐	1
c)	wird der Potsdamer Platz als hektischer und betriebsamer Ort beschrieben.	☐	☐	1
d)	werden die Berliner beschrieben, wie sie ihren Alltag in der Großstadt genießen.	☐	☐	1

410 Wer wird im Gedicht auf ironische Weise lächerlich gemacht? Notieren Sie. 2

____

Lesekompetenz gesamt **20**

Sprachwissen und Sprachbewusstsein – Aufgaben zum Gedicht „Besuch vom Lande“

Punkte

451 Im Gedicht werden viele unvollständige Sätze verwendet. Notieren Sie <u>einen</u> unvollständigen Satz. 1

____

____

452 Gedicht wird in der 1. Strophe, Vers 1, das Wort „verstört“ verwendet. Ersetzen Sie es durch ein anderes passendes Wort. 1

____

453 Im Gedicht befindet sich direkte Rede. Notieren Sie den Satz. 1

____

____

454 Im Gedicht wird häufig eine Konjunktion verwendet, die normalerweise keine Sätze einleitet. Nennen Sie die Konjunktion. 1

____

455 In dem Satz: „Es klingt, als ob die Großstadt stöhnt/weil irgendwer sie schilt.“ (V. 11 f.) stehen zwei Kommas.
Es handelt sich dabei um einen … 1

☐ eingeschobenen Gliedsatz.
☐ eingeschobenen Hauptsatz.
☐ eingeschobenen Relativsatz.
☐ eingeschobenen Infinitivsatz.

456 In der 3. Strophe des Gedichts steht: „Und finden Berlin zu wild.“ (Vers 5). Für das Wort „wild“ gibt es im Wörterbuch folgende Synonyme (Wörter mit gleicher oder ähnlicher Bedeutung).
Unterstreichen Sie ein Wort, das zu dieser Textstelle passt. 1
aufgebracht, durcheinander, gesetzeswidrig, ungeregelt, unvereinbar, wütend, zornig

457 „Sie möchten am liebsten zu Hause sein“ (V. 9).
Damit ist gemeint: 1

☐ ein Wunsch
☐ eine Erwartung
☐ ein Glaube
☐ eine Ahnung

Sprachwissen gesamt **7**

5 Schreibkompetenz – Überarbeiten eines Pinnzettels

Folgender Pinnzettel soll an die Haustür eines Mehrfamilienhauses gehängt werden. Er ist aber noch fehlerhaft und muss überarbeitet werden.

1 **Gesucht wird Herr Lehmann**

Am 10. September 2007 war Herr Lehmann das letzte Mal bei mir zum essen zu Hause. Danach ging ich einkaufen. Neben vielen anderen Sachen (Naschen für die Kinder, eine Zeitung für den Mann) kaufte ich auch etwas leckeres für Herrn Lehmann,
5 Zu Hause angekommen, rief ich Herrn Lehmann, aber er kam nicht, er war nirgends zu finden.

Nach langer Diskussion mit Mann und Kindern gab einer der Herren auch zu, die Tür offen gelassen zu haben, als er in den Keller ging. In dieser Zeit wird Herr Lehmann wohl abgehauen sein und ist bisher nicht zurückgekehrt.

10 Blöderweise hat mir nun auch noch eine Nachbarin erzählt, dass sie am Montag das Quietschen von Autobremsen gehört hat. Seitdem mache ich mir Sorgen um Herrn Lehmann, weil man in seinen Alter nicht mehr so schnell die Straße überqueren kann und Autofahrer nun mal so sind, wie sie sind (oftmals viel zu schnell und ohne Rücksichtnahme auf alte Katzen).

15 Wenn Sie Herrn Lehmann gesehen haben dann rufen Sie mich bitte an: 030/876543
Er hat rotes Fell, ein weißen Bauch und weiße Pfötchen.

Danke, ihre Mitbewohnerin Monika Meyer

Schreibkompetenz – Überarbeitung des Textes „Gesucht wird …“ Punkte

581 Auf dem Pinnzettel muss am Anfang stehen, wer Herr Lehmann ist. Fügen Sie einen konkreten Hinweis in den ersten Satz ein. 1

582 In Zeile 3 wird das Wort „Naschen“ in der Formulierung „Naschen für die Kinder“ stilistisch ungeschickt verwendet. Ersetzen Sie das Wort „Naschen“ durch ein anderes passendes Nomen. 1

583 Im Text finden Sie folgende umgangssprachliche Wendungen. Unterstreichen Sie diese und formulieren Sie sie in Standardsprache um.

Unterstreichung	Umformulierung	
a) „In dieser Zeit wird Herr Lehmann wohl abgehauen sein und ist bisher nicht zurückgekehrt.“ (Zeile 8 f.)		2
b) „Blöderweise hat mir nun auch noch eine Nachbarin erzählt, dass sie am Montag das Quietschen von Autobremsen gehört hat.“ (Zeile 10 f.)		2

584 In den folgenden Formulierungen gibt es je einen Rechtschreibfehler. Streichen Sie die Fehler durch und korrigieren Sie sie.

Streichung	Korrektur	
a) „Am 10. September 2007 war Herr Lehmann das letzte Mal bei mir zum essen zu Hause.“ (Z. 2 f.)		1
b) „Neben vielen anderen Sachen … kaufte ich auch etwas leckeres für Herrn Lehmann.“ (Z. 3 f.)		1
c) „Danke, ihre Mitbewohnerin Monika Meyer“ (Z. 17)		1

585 In der folgenden Formulierung gibt es einen Kasusfehler (falscher Fall). Streichen Sie den jeweiligen Fehler durch und korrigieren Sie ihn.

Streichung	Korrektur	
a) „Seitdem mache ich mir Sorgen um Herrn Lehmann, weil man in seinen Alter nicht mehr so schnell …“ (Z. 11 f.)		1
b) „Er hat rotes Fell, ein weißen Bauch und weiße Pfötchen.” (Z. 16)		1

586 In dem folgenden Satz fehlen zwei Satzzeichen. Setzen Sie diese. 1

Wenn Sie Herrn Lehmann gesehen haben dann rufen Sie mich bitte an: 030/876543

Lesekompetenz gesamt 12

6 Schreibkompetenz – Verfassen einer Nachricht nach dem umgekehrten Pyramidenprinzip

Sie sind Reporter einer Tageszeitung und sollen für die morgige Ausgabe eine Nachricht schreiben. Dazu haben Sie sich folgende Stichpunkte notiert:

- Verlust des Schmuckes fiel erst nach Abfahrt der Müllabfuhr auf
- bewahrte ihn in alter Schmuckkassette auf
- wollte alte Schmuckkassette ausrangieren und kaufte neue
- vergaß das Umräumen des Schmuckes
- warf alte Schmuckkassette mit dem Familienschmuck in den Müll
- 80-jähriger Rentner besaß Familienschmuck: 60 Uhren, Ketten und Armbänder, im Wert von 40.000 Euro
- Schmuck kann nicht mehr gefunden werden

Ein Reporter muss beim Schreiben zwei Bedingungen erfüllen:

- Er erhält in der morgigen Ausgabe der Zeitung Platz für einen Text von 65–70 Wörtern, um mit seinen Notizen eine Nachricht zu schreiben.
- Dabei muss seine Nachricht das folgende journalistische Prinzip erfüllen: das umgekehrte Pyramidenprinzip (vgl. Grafik unten).

TEXTANFANG:
wichtige Information
(Informationskern)

TEXTMITTE:
wichtige Zusatzinformationen
und interessante Details

TEXTENDE:
weniger wichtige
Einzelheiten

Quelle: IZOP, 4. Anlage 7

Schreibkompetenz – Verfassen einer Nachricht „In den Müll" Punkte

Die Überschrift haben Sie bereits. Schreiben Sie nun die Nachricht. Hilfreich ist es, zuerst die Notizen vom Stichpunktzettel nach ihrer Wichtigkeit zu nummerieren. Verwenden Sie alle Informationen.

In den Müll ____

Anzahl der Worte: __________

681	Aufbau	4
682	Schreibfunktion	4
683	Textsorte	2
684	Format	2
685	Sprachliche Richtigkeit / Verständlichkeit	2
686	Schreibregeln / leserfreundliche Gestaltung	2
	Schreibkompetenz	**16**

7 Schreibkompetenz – Schreiben eines formalen Briefes

Sie waren auf dem Oktoberfest und haben am nächsten Tag in der Zeitung folgenden Artikel über sich gelesen:

Schweizer schlägt Geist in Geisterbahn k. o.

Ein schreckhafter Schweizer hat auf dem Münchner Oktoberfest ein Gruselwesen in einer Geisterbahn k. o. geschlagen. Er durchstach mit einem Holzstab den Geist durch die Drähte eines Käfigs und beschädigte die Elektronik. Der Geist muss jetzt repariert werden. Der Mann kam nach Zahlung einer Sicherheitsleistung auf freien Fuß.

Quelle: DER TAGESSPIEGEL vom 25. 09. 2007

Schreibkompetenz – Schreiben eines formalen Briefes

Schreiben Sie an den Besitzer der Geisterbahn einen Brief, in dem Sie sich entschuldigen. Begründen Sie Ihr Verhalten durch zwei Argumente, die Sie durch Beispiele oder Belege stützen. Denken Sie dabei an die Anrede und die Grußformel.

____________________________ Zürich, den 30. Mai 2008

____

____

Herrn
Hubertus Meier
Auf den Wiesen
D-80993 München

Geisterbahn-Fahrt

____

____

____

____

Anzahl der Worte: ___________

781 Aufbau	3
782 Adressatenorientierung	3
783 Textmuster	3
784 Schreibfunktion	3
785 Format	2
786 Originalität/Einfallsreichtum	2
787 Sprachliche Vielfalt und Genauigkeit	2
788 Sprachliche Richtigkeit/Verständlichkeit	2
789 Schreibregeln	2
Schreibkompetenz	**22**

Lösungsvorschläge

1 Unsere großen Nesthocker *(Jörg von Irmer)*

Lesekompetenz – Aufgaben zu Text 1

101 Spätauszieher

Hinweis: Da nur ein anderes Wort für „Nesthocker" genannt werden soll, darfst du „neuen" nicht nennen.

102 Mögliche Beispiele:

a) Eine Unbequemlichkeit des Alltags ist z. B. das selbstständige Saubermachen der Wohnung.

b) Ein Risiko des Alltags wäre z. B. die Unfähigkeit, das Geld so einzuteilen, dass es für alle Rechnungen und den ganzen Monat reicht.

Hinweis: Lies zuerst noch einmal den Textabschnitt, um dich über den konkreten Zusammenhang zu informieren (Z. 33–36). In diesem Abschnitt geht es speziell um die Unbequemlichkeiten und Risiken für junge Erwachsene, wenn sie aus dem „Elternhaus" (Z. 33) ausziehen. Es wird nun nach Beispielen aus deinem Vorwissen gefragt. Überlege dir, auf welche Pflichten man achten muss, wenn man bei den Eltern auszieht. Woran muss man nun selbst denken, um was muss man sich selbst kümmern? Leite daraus ab, was a) anstrengend/unangenehm und b) riskant ist. Beide Beispiele müssen so gewählt sein, dass diese Unbequemlichkeit/dieses Risiko nur in der eigenen Wohnung zutrifft. Im Elternhaus kann sie noch von anderen Personen übernommen werden. „Zeitiges Aufstehen" wäre somit falsch, denn diese Unbequemlichkeit ist nicht an die eigene Wohnung gebunden.

103 Damit ist eine Aufgabe gemeint, die …

☒ zur eigenen Entwicklung gehört.

Hinweis: Du kannst die richtige Antwort aus den Zeilen 3 f. ableiten. Wenn die „junge[n] Erwachsene[n] beschließen", später das Elternhaus zu verlassen, bedeutet das, dass es eine eigene Entscheidung ist. Somit sind die anderen Varianten nicht möglich.

104 Das Auszugsalter hat sich in den letzten 30 Jahren verändert.

Hinweis: Du findest die richtige Antwort in Z. 5 f. Es wird nach dem Zeitraum gefragt, in dem sich das Alter beim Auszug verschoben hat.

105

	früher	heute
Männer	(etwa) 21 Jahre	(etwa) 23 Jahre
Frauen	(etwa) 19 Jahre	(etwa) 21 Jahre

Hinweis: *Du findest diese Angaben in Z. 5–9. Erst schreibt der Autor, dass sich das Auszugsalter um durchschnittlich zwei Jahre nach hinten verschoben hat. Dann benennt er das heutige Auszugsalter mit etwa 23 (Männer) und 21 Jahren (Frauen). Die fehlenden Angaben berechnest du.*

106 Nach Aussage des Textes (Z. 1–4) lässt sich der Auszug aus dem Elternhaus entwicklungspsychologisch gleichsetzen mit dem …

☒ Gewinn von Unabhängigkeit.

Hinweis: *Beziehe dich nur auf die Aussage in Z. 1–2. Du findest die richtige Antwort in Z. 1 f.: „damit verbundene Unabhängigkeit".*

107 Zwei Fähigkeiten werden von „Nesthockern" häufig nicht erworben: Selbstständigkeit und Flexibilität.

Hinweis: *Du findest die richtige Antwort in Z. 13 f. In diesem Abschnitt wird die These erläutert, warum Spätauszieher in der Leistungsgesellschaft zu den Verlierern gehören könnten. Als Begründung werden die „Grundbedingungen Selbstständigkeit und Flexibilität" genannt.*

108 a) Beziehung auf gleicher Augenhöhe **2**
b) Gleichgewicht zwischen Unabhängigkeit des Kindes und Aufrechterhaltung der Beziehung **3**
c) Prozessablauf nicht ohne Konflikte **4**
d) weg vom Rollenverhalten als Eltern und Kind **1**

Hinweis: *Du findest die richtige Antwort im Text Z. 17–22. Lies dort noch einmal nach und unterstreiche dabei die genannten Stellen. Ordne die Nummern 1 bis 4 der jeweiligen Wortgruppe zu.*

109 Zum Prozess der Loslösung gehört die zunehmend selbstständige Entscheidung, wie man den Tagesablauf gestaltet. Einen Konflikt stellen daher die verschiedenen Vorstellungen von Eltern und jungen Erwachsenen dar, wann man zu Hause sein soll.

Hinweis: *Hier musst du dein Vorwissen befragen. Überlege, worüber du oder deine Klassenkameraden häufig mit den Eltern streiten.*

110

Nesthocker	Frühauszieher
werden in ihrer Unabhängigkeit von Eltern erst spät unterstützt (Z. 24 f.)	werden in ihrer Unabhängigkeit von Eltern früh unterstützt (analog zu Z. 24 f.)
Familienmitglieder berichten insgesamt über weniger Konflikte (Z. 25 f.)	haben in der Familie häufiger Konflikte (analog zu Z. 25 f.)
nur 20 % haben bereits mit 16 Jahren einen Partner (Z. 27 f.)	60 % haben bereits mit 16 Jahren einen Partner (Z. 27 f.)
konfliktgeladener Aushandlungsprozess/Individuation/Loslösung von den Eltern während der Pubertät wird verhindert (Z. 28–31)	haben schon früh außerhalb der Familie enge Beziehungen (Z. 26 f.)
sind unselbstständiger und unflexibler (Z. 13 f.)	sind selbstständiger und flexible (analog zu Z. 13 f.)

Hinweis: *Lies noch einmal den Text und unterstreiche mit verschiedenen Farben je zwei Angaben zu Nesthockern bzw. Frühausziehern. Du kannst fehlende Angaben ergänzen. Trage diese entsprechend in der Tabelle ein. Die Zeilenangabe wird nicht verlangt, aber verdeutlicht dir, wo du die entsprechende Antwort findest.*

111 Erwachsene Kinder bleiben zu Hause wohnen, wenn ihr Einkommen zu niedrig ist und die Eltern sie nicht unterstützen können.

Hinweis: *Hier musst du dein Vorwissen befragen. Nenne einen finanziellen oder familiären Grund, weshalb man zu Hause nicht ausziehen kann. Zu den finanziellen Gründen zählt z. B. die Miete, die man nicht bezahlen kann. Vielleicht hat der junge Erwachsene kein eigenes oder nur ein geringes Einkommen. Ein familiärer Grund wäre z. B. die Hilfe, auf die die Eltern angewiesen sind. Vielleicht benötigen sie sogar die Pflege durch ihr Kind.*

112 Aus psychologischer Sicht ist das Nesthocken problematisch, wenn …

☒ Kinder von den Eltern emotional abhängig sind.

Hinweis: *Du findest die richtige Antwort in Z. 41–43. Darin steht, dass „Nesthocken jedoch nur bedenklich [ist], wenn die erwachsenen Kinder von ihren Eltern lange und tief greifend emotional abhängig sind“.*

113 Der sprachliche Ausdruck „auf gleicher Augenhöhe“ bedeutet eine Beziehung zu haben, in der beide Seiten gleichberechtigt sind.

Hinweis: *In den Z. 18f. geht es um die „Beziehung" zwischen Eltern und Kind. Gemeint ist damit das Verhältnis, das beide Parteien zueinander haben. Wenn sie miteinander reden oder diskutieren können, ohne dass eine Seite aufgrund ihrer höheren beruflichen (z. B. als Schulleiter) oder familiären Stellung (z. B. als Vater) automatisch recht hat, so haben sie eine gleichberechtigte Stellung „auf einer Augenhöhe". Die Parteien respektieren sich.*

114 Der Auszug aus dem Elternhaus ist ein folgenreicher Schritt.

Hinweis: *Alle Aussagen im Text beschäftigen sich mit den Folgen des frühen oder späten Ausziehens. Daher kannst du den Begriff „dramatisch" hier durch „folgenreich" ersetzen.*

115 Der Stil des Verfassers ist …

[X] informierend.

Hinweis: *Ein Verfasser schreibt nichts ohne Grund. Jeder Text soll eine bestimmte Funktion erfüllen. Dieser Text, „Unsere großen Nesthocker", soll das Wissen des Lesers über die Folgen des späten Auszugs aus dem Elternhaus erweitern. Der Autor Jörg von Irmer will die Leser informieren, daher ist die Darstellung weitgehend neutral. An den Leser soll nicht appelliert werden, eine bestimmte Meinung anzunehmen (= 2.), die Darstellung hat keinen erzählenden (= 3.) oder kommentierenden (= 4.) Stil.*

Sprachwissen und Sprachbewusstsein – Aufgaben zu Text 1

153 Zum anderen sind diese jungen Erwachsenen …

Hinweis: *Du findest die richtige Antwort in Z. 9. Die Formulierung „zum einen" deutet an, dass es zu einer ersten Aussage noch eine weitere gibt. Diese wird passend mit der Formulierung „zum anderen" eingeleitet. Die Aussagen gelten beide nebeneinander, die Adverbien stellen eine Gedankenbrücke her.*

152 a) „Es ist jedoch eine Entwicklungsaufgabe, die immer häufiger nach hinten verschoben wird." **4**

b) „Nesthocker werden in ihrer Unabhängigkeit von den Eltern erst später unterstützt, und die Familienmitglieder berichten insgesamt über weniger Konflikte." **2**

c) „Eine weitere parallele Entwicklung der letzten Jahre ist, dass junge Erwachsene oft ohne große Einschränkungen im Elternhaus wohnen können." **3**

Hinweis: *Unterstreiche in jedem Teilsatz die finite Verbform (das Verb mit Personalendung). Bestimme die Wörter, die die Teilsätze miteinander verbinden.*

1. *Hauptsatz: Es gibt keinen allein stehenden Hauptsatz. Alle drei Beispiele bestehen aus mindestens zwei Teilsätzen.*
2. *Satzreihe/Satzverbindung: Bei einer Satzreihe/-verbindung werden nur Hauptsätze aneinandergereiht. Das sind die Teilsätze, in denen die finite Verbform auf Position 1 oder 2 steht. Die Teilsätze müssen nicht durch ein Komma getrennt werden. Das trifft nur auf Beispiel b) zu.*
3. *Satzgefüge mit Konjunktionalsatz: Bei einem Satzgefüge werden sowohl Hauptsätze als auch Nebensätze miteinander verbunden. Die Verbindung soll hier durch eine Konjunktion eingeleitet werden. Das trifft nur auf Beispiel c) zu. Die Konjunktion lautet „dass".*
4. *Satzgefüge mit Relativsatz: Die Verbindung zwischen dem Haupt- und Nebensatz soll durch ein Relativpronomen eingeleitet werden. Das trifft nur auf Beispiel a) zu. Das Relativpronomen lautet „die".*

153 zunehmend, verstärkt, häufiger, immer mehr

Hinweis: *Die Satzaussage darf nicht verändert werden. Es muss eine Steigerung/Verstärkung deutlich werden. Überprüfe deshalb deine Antwort, indem du sie in den Satz einfügst: z. B. „ ...aber auch zunehmend in der Mittelschicht anzutreffen ...". Falsch wäre dagegen: „ ...aber auch oft in der Mittelschicht anzutreffen ...", denn so wird keine Steigerung ausgedrückt.*

154
- -ung: Beziehung
- -keit: Unabhängigkeit

Hinweis: *Es gibt verschiedene typische Nomen-Endungen. „-heit" und „-schaft" werden dir vorgegeben. Außerdem kennst du noch „-keit", „-nis" und „-ung". Du findest die richtige Antwort im Text Z. 12–22:*
-keit: Selbstständigkeit (Z. 13), Unabhängigkeit (Z. 20),
-ung: Grundbedingungen (Z. 13), Beziehung (Z. 16) oder Umstrukturierung (Z. 17),
-nis: in diesem Textabschnitt nicht vorhanden;
Es wird jeweils nur ein Beispiel gefordert.

155 a) „Auffällig ist an der Entwicklung zweierlei: Zum einen ..." (Z. 5)
Regel: Großschreibung nach Doppelpunkt, wenn ein ganzer Satz folgt

b) „Vor allem die ... müssen deshalb in den Blick genommen werden." (Z. 15 f.); Regel: Nomen (erkennbar am Artikel)

c) „Dieser Prozess läuft nicht ohne Konflikte ab." (Z. 21)
   Regel: Satzanfang
d) „Nur das Führen von Partnerschaften kann dadurch erschwert werden." (Z. 38 f.); Regel: Nominalisierung eines Verbs

Hinweis: ***zu a)*** *Schau dir den gesamten Satz noch einmal an. Dann erkennst du, dass nach dem Doppelpunkt keine Wortgruppe, sondern ein sogenannter Ganzsatz beginnt.*
zu b) *Es reicht nicht, wenn du den begleitenden Artikel „den" aufschreibst.*
zu c) *Es handelt sich um ein Demonstrativpronomen, das durch seine Stellung am Satzanfang großgeschrieben wird.*
zu d) *Eine Nominalisierung schreibt man groß. Es reicht nicht, wenn du den Artikel „das" hinschreibst, ohne zu erklären, was er bewirkt.*
Du darfst in der Prüfung ein Wörterbuch benutzen. Dort gibt es ein Kapitel zur Groß- und Kleinschreibung. Falls du ***am Ende der Prüfung*** *noch Zeit hast, kannst du hier überprüfen, ob deine Antworten richtig sind.*

156 a) „Dieser Prozess läuft nicht ohne Konflikte ab." (Z. 21 f.)
   b) „Nur das Führen von Partnerschaften kann dadurch erschwert werden." (Z. 38 f.)

Hinweis: *Das Subjekt ist der „Täter" im Satz, also derjenige (oder dasjenige), der handelt. Nicht nur eine Person, auch eine Sache kann „handeln". Es kann durch die Frage „Wer oder was?" bestimmt werden. Du kannst das vollständige Subjekt ermitteln durch das probeweise Verschieben der Wörter. Alle Wörter, die zu einem Satzglied gehören, wandern immer gemeinsam auf eine andere Position. Im Satz b) zählt nur „das Führen" als unvollständige Antwort, und es gibt keinen Punkt.*

157 a) „Dieser beschreibt eine grundlegende Umstrukturierung der Beziehung." (Z. 17 f.)
   b) „Nesthocker werden in ihrer Unabhängigkeit von den Eltern erst später unterstützt." (Z. 24 f.)

Hinweis: *Die finite Verbform ist die Verbform mit der Personalendung. Achtung, es wird nicht nach dem Prädikat gefragt, das besteht im Satz b) aus dem finiten Hilfsverb „werden" und dem Vollverb „unterstützt". Sind beide Verbformen unterstrichen, ist die Aufgabe nicht richtig beantwortet und es gibt keinen Punkt.*

158 „Aber es gibt unvermeidliche ökonomische oder familiäre Bedingungen, die dazu führen, dass Kinder zu Hause wohnen bleiben." (Z. 45 f.)

Hinweis: Konjunktionen (Bindewörter) können Wörter oder Wortgruppen miteinander verbinden. „Aber“ und „dass“ verbinden Wortgruppen, „oder“ die Wörter „ökonomische“ und „familiäre“. „Die“ ist keine Konjunktion, sondern ein Relativpronomen und steht als Stellvertreter für „unvermeidliche ökonomische und familiäre Bedingungen“.

159

Präsens	er „beschreibt“ (Z. 17)
a) Präteritum	er beschrieb
b) Futur I	er wird beschreiben

Hinweis: „Beschreiben“ ist ein starkes Verb. Die Zeitform Präteritum (einfache Vergangenheit) bildet man, indem man den Stammvokal ändert: „ei“ → „ie“. Die Zeitform Futur I (Zukunft) bildet man mit dem Hilfsverb „werden“ und dem Infinitiv „beschreiben“.

160 ☒ Es wird vermutet, dass Nesthocker zu den Verlierern der Leistungsgesellschaft gehören könnten.

Hinweis: Die richtige Lösung findest du, wenn du zwei Wörter näher anschaust: „<u>könnten</u>“ und „<u>These</u>“. Das Verb „könnten“ steht im Konjunktiv II (Möglichkeitsform). Der Konjunktiv II wird benutzt, um eine Unsicherheit oder nicht erfüllte Bedingung auszudrücken. Eine „These“ ist eine Behauptung oder Vermutung, deren Wahrheit bewiesen werden muss oder wurde.

161 ☒ Präsens

Hinweis: Die Antwort findest du in jedem Satz. Schau dir an, in welcher Zeitform die Verben stehen: Präsens.

162 Familienbeziehungen (Z. 23), Frühausziehern (Z. 23), Familienmitglieder (Z. 25), Aushandlungsprozess (Z. 29), Nesthockerfamilien (Z. 30)

Hinweis: Es sind nur drei Lösungen erforderlich.

163 „Dieser Prozess läuft nicht <u>ohne Konflikte</u> ab.“ (Z. 21 f.)

Hinweis: Ein Präpositionalobjekt ist ein Objekt (Satzglied), zu dem eine Präposition gehört. Hier fragst du: „Womit läuft dieser Prozess nicht ab?“ Die Antwort ist das Präpositionalobjekt: „ohne Konflikte“.

2 Nesthocker *(Gegensatz: Nestflüchter)*

Lesekompetenz – Aufgaben zu Text 2

201 [X] für Insekten

Hinweis: Von Z. 2–5 wird im Text erläutert, für wen der Begriff „Nesthocker" (und „Nestflüchter") verwendet wird: Vögel (Z. 2), Säugetiere (Z. 4) und Fische (Z. 4). Insekten werden im Text nicht genannt.

202 Der Begriff „Nesthocker" stammt ursprünglich aus der Verhaltensforschung.

Hinweis: Du findest die richtige Antwort in Z. 1.

203 Der Begriff „Nesthocker" ist seit den 90er-Jahren nicht mehr nur für Tiere gebräuchlich.

Hinweis: Du findest die richtige Antwort in Z. 8–10. Darin steht, dass der Begriff seit den 90er-Jahren auch in der Alltagssprache und in der populärwissenschaftlichen Literatur gebräuchlich ist.

204 Die Nesthocker können sich nicht selbst mit Nahrung versorgen.

Hinweis: Es wird nach einem Beispiel aus deinem Alltagswissen gefragt. Überlege dir, welche Aufgaben der Nesthocker selbstständig schaffen muss, wenn er plötzlich nicht mehr zu Hause bei Mutter und Vater lebt.

205 Das Nesthocken gilt nur als bedenklich, wenn die erwachsenen Kinder und ihre Eltern emotional voneinander abhängig sind und sich nicht auf gleicher Augenhöhe begegnen. (vgl. Z. 41–43)

Hinweis: Weitere Antwortmöglichkeiten sind die unvermeidlichen ökonomischen oder familiären Bedingungen, „die dazu führen, dass Kinder zu Hause wohnen bleiben" (Z. 45 f.).

3 Wohnungsanzeigen

Lesekompetenz – Aufgaben zur Grafik „Wohnungsanzeigen"

Hinweis: Bevor du die Aufgaben löst, nummeriere die Spalten von links nach rechts und die Zeilen von oben nach unten mit 1 beginnend, damit du die Hinweise zu den Lösungen leichter findest.

301 Kuglerstraße 6.

✎ ***Hinweis:*** *In der Aufgabe werden drei Bedingungen für die Wohnung von Felix und seiner Freundin genannt:*

1. *Es soll eine Einzimmerwohnung sein. In dem Zeitungsausschnitt werden nur Einzimmerwohnungen aufgelistet, wie du in Spalte 1 erkennst. Also fällt durch diese Bedingung keine Wohnung heraus.*
2. *Die Wohnung soll mindestens 44 m² groß sein. Die Angaben zur Wohnungsgröße findest du in Spalte 3 (m²). Es kommen alle Wohnungen ab Zeile 8 (Kuglerstraße 6) infrage.*
3. *Die Wohnung soll nicht teurer als 260 € Warmmiete sein. Die Angaben zur Miethöhe findest du in den Spalten 4 (Miete warm/kalt) und 5 (NK/Bek). Es kommt nur noch die Wohnung in Zeile 8 (Kuglerstraße 6) infrage, denn diese kostet 199 € Warmmiete (inklusive Nebenkosten/Betriebskosten). Alle anderen Wohnungen ab Zeile 8 sind teurer. Auch die Wohnung in Zeile 10 (Szenelage – sehr ruhig) ist teurer, denn diese kostet bereits 260 € Kaltmiete.*

302 Wichertstr. 1/Lychener Str. 74

✎ ***Hinweis:*** *Die Antworten stehen in Spalte 7: weitere Infos. In den Zeilen 2 (Wichertstr. 1) und 14 (Lychener Str. 74) findest du jeweils als letzte Information einen Termin zur Besichtigung: Sa. Bes. = Samstagsbesichtigung und So. Bes. = Sonntagsbesichtigung.*

303 a) Für diese Wohnung wird keine Provision verlangt.

✎ ***Hinweis:*** *Die richtige Antwort findest du in Spalte 6 (Pr). Die Symbole in dieser Spalte (+ oder 0) werden in der Abkürzungslegende erklärt: „+ (Pr)“ bedeutet mit Provision, „0 (Pr)“ bedeutet ohne Provision. Zur Wohnung Winsstr. (Zeile 5) findest du den Hinweis „0“, also keine Provision. Das heißt, der neue Mieter muss für die Vermittlung dieser Wohnung kein Geld bezahlen.*

b) Die Abkürzung „3 MMK“ bedeutet drei Monatsmieten Kaution.

✎ ***Hinweis:*** *Die Antwort findest du in der Abkürzungslegende: MMK bedeutet Monatsmiete(n) Kaution. Die Zahl 3 bezieht sich auf die Höhe der Kaution.*

304 Esmarchstr. 23/Finnländische Str. 10

✎ ***Hinweis:*** *Die richtige Antwort findest du in Spalte 7. In der Legende wird erklärt, dass Wohnungen im Vorderhaus mit VH abgekürzt werden. Diese Information findest du für die Wohnung in der Esmarchstr. 23 (Z. 9) und für die in der Finnländischen Str. 10 (Z. 15)*

305 Wie: telefonisch per Handy 0172/3133133
Wann: am Montag von 10.00 bis 13.00 Uhr

Hinweis: *Du findest die richtigen Angaben in den Spalten 8 (Anbieter) und 9 (Telefon). In Spalte 8 erfährst du, dass die Wohnung von privat angeboten wird und diese Person am Montag von 10.00 bis 13.00 Uhr telefonisch erreicht werden kann. In Spalte 9 steht eine Handynummer: 0172/3133133.*

306 Der Anbieter der Dachgeschosswohnung heißt „Forfeigt Immobilien".

Hinweis: *In der Abkürzungslegende wird erklärt, dass das Symbol △ für eine Wohnung im Dachgeschoss steht. Dieses gibt es bei den angebotenen Wohnungen nur ein Mal: in Z. 7, Danziger Straße. Den Namen des Anbieters findest du in Spalte 8: Forfeigt Immobilien.*

307 ☒ zwei Wohnungen

Hinweis: *Es werden zwei Bedingungen für die Wohnung genannt: Sie muss größer als 40 m² sein und einen Balkon haben.*
Die Angaben zur Wohnungsgröße findest du in Spalte 3 (m²). Die Wohnungen ab Zeile 5 (Winsstr.) sind größer als 40 m².
Die Angaben zum Balkon findest du in Spalte 7 (weitere Infos), entweder als „Balkon" oder mit der Abkürzung „Bk".
Die Wohnungen in Zeile 6 (Kopenhagener Str. 32) und in Zeile 11 (Heinz-Bartsch-Str. 16) sind größer als 40 m² und haben einen Balkon. Auf diese zwei Wohnungen treffen die gesuchten Bedingungen zu.
Die Wohnung in Zeile 4 (Bötzowstr. 18) hat auch einen Balkon, aber ist nur 36 m² groß. Deshalb ist diese Wohnung nicht richtig.

308 a)

	Bad mit Dusche oder Wanne	Balkon	Küche oder Einbauküche	nicht über 350 € warm inkl. Nebenkosten
Bötzowstraße	+	+	+	–
Finnländische Straße	+	–	+	–
Kopenhagener Straße	+	+	+	+

Hinweis: *Die richtigen Antworten stehen in den Spalten 7 (weitere Infos) und 4/5 (Miete bzw. NK/Bek).*
In der Zeile 4 findest du die Wohnung in der Bötzowstraße. Sie hat eine Einbauküche (EBK), ein modernisiertes Wannenbad (mod. W-B), einen Balkon (Bk) und kostet 368 €, bestehend aus 308 € Warmmiete plus 60 € Neben-

kosten. Auf diese Wohnung treffen die ersten drei Bedingungen zu, die letzte nicht.
Die Wohnung in der Finnländischen Straße ist in Zeile 15 beschrieben. Sie hat eine geflieste Dusche (gefl. Du) und eine große Küche (gr. Kü), jedoch keinen Balkon. Sie kostet 395 € Warmmiete inklusive Nebenkosten. Auf diese Wohnung treffen nur die erste und die dritte Bedingung zu.
Die Wohnung in der Kopenhagener Straße (Zeile 6) hat eine Dusche, eine Einbauküche und einen Balkon. Sie kostet 287 € Warmmiete plus 61,50 € Nebenkosten, insgesamt also 348,50 € Gesamtmiete. Auf diese Wohnung treffen alle vier Bedingungen zu.

b) Die Wohnung in der Kopenhagener Straße erfüllt die meisten Bedingungen.

4 Besuch vom Lande *(Erich Kästner)*

Lesekompetenz – Aufgaben zum Gedicht „Besuch vom Lande"

401 ☒ Reisende vom Lande

__Hinweis:__ Du findest die richtige Antwort im Titel des Gedichts: „Besuch vom Lande". Mit dem „Besuch" sind „Reisende" gemeint.

402 Berlin wird hier als eine Stadt beschrieben, die Touristen die Möglichkeit bietet, …

☒ Eindrücke zu gewinnen, die verwunderlich und beängstigend sind.

__Hinweis:__ Du findest für diese Lösung mehrere Hinweise im Gedicht. V. 1: „Sie stehen <u>verstört</u> am …", V. 9: „Sie möchten <u>am liebsten zu Hause sein</u>.", V 16: „Sie machen vor <u>Angst</u> die Beine krumm ." Diese drei Eindrücke machen deutlich, dass die Touristen sich __nicht__ wohlfühlen (= 1. Antwort), __keinen__ Abstand vom Alltag gewinnen (= 2. Antwort) und sich __nicht__ in Ruhe die Sehenswürdigkeiten ansehen (= 3. Antwort).

403 Die Personen befinden sich am Potsdamer Platz.

__Hinweis:__ Die richtige Antwort findest du in V. 1 und in V. 19: am Potsdamer Platz.

404 a) Eine positive Reaktion: staunen

__Hinweis:__ Die richtige Antwort findest du in V. 6. Das Verb „staunen" bedeutet auch: vor etwas bewundernd stehen.

b) Eine negative Reaktion: sie finden Berlin zu laut, möchten am liebsten zu Hause sein, machen alles verkehrt

Hinweis: *Es gibt mehrere richtige Antworten im Text. Du musst nur ein Beispiel aufschreiben. Die Lösungsvorschläge findest du in V. 2, 9 und 17.*

405 Berlin wird im Gedicht als eine Stadt beschrieben, die …

	richtig	falsch
a) viele verkehrsberuhigte Zonen hat.	☐	☒
b) laut und lebhaft ist.	☒	☐
c) schmutzig und unattraktiv ist.	☐	☒
d) nachts immer hell erleuchtet ist.	☒	☐

Hinweis: *Bei dieser Aufgabe musst du überprüfen, ob Berlin im Gedicht so beschrieben wird, die Aussage also richtig oder falsch ist. Zu Aussage a) gibt es keine Angabe im Text. Zu b) gibt es mehrere Hinweise: „zu laut" (V. 2), „rasseln", „schrein" (V. 8), „stöhnt" (V. 11), „dröhnt" (V. 13) und „zu wild" (V. 15). Zu Aussage c) wird im Text wiederum nichts gesagt. Dass „[d]ie Häuser funkeln"(V. 13) spricht dagegen. Zu Aussage d) steht im Text: „Die Nacht glüht auf in Kilowatts."(V. 3) Das bedeutet, dass nachts Energie verbraucht wird, um etwas zum Leuchten zu bringen.*

406 Stilmittel

	Nummer
a) „Die Autos schrein."(V. 8)	2
b) „Sie wissen vor Staunen nicht aus und nicht ein./Sie stehen und wundern sich bloß." (V. 6 f.)	3

Hinweis: *Die wichtigsten Hinweise sind in der Aufgabenstellung enthalten. Überprüfe, ob die Hinweise auf das Beispiel a) bzw. b) zutreffen.*

1. **Alliteration:** *In beiden Beispielen sind die Anfangsbuchstaben von aufeinanderfolgenden Wörtern verschieden. Es gibt keine Alliteration.*
2. **Personifikation:** *Beispiel a) beschreibt Autos, die sich wie Menschen verhalten (= schreien) und so personifiziert werden. Im Beispiel b) werden Menschen beschrieben. Hier liegt keine Personifikation vor.*
3. **Anapher:** *Beispiel a) besteht nur aus einem Vers, daher kann man keinen Versanfang vergleichen. Es liegt keine Anapher vor. Im Beispiel b) findest du zwei Versanfänge. Sie beginnen beide mit dem Personalpronomen „sie". Der Autor verwendet hier eine Anapher.*

407 a) ein Verb oder Adjektiv für Lautstärke: rasseln, schreien, stöhnen, dröhnen, laut

Hinweis: *Überlege dir, welche Verben oder Adjektive im Gedicht ein lautes Geräusch beschreiben. Du brauchst nur ein Beispiel zu notieren.*

b) ein Verb oder Adjektiv für Helligkeit: glühen, funkeln

Hinweis: *Überlege dir, welche Verben oder Adjektive im Gedicht etwas als hell oder leuchtend beschreiben. Du brauchst nur ein Beispiel zu notieren.*

408 Im Vergleich zu Berlin empfinden die Besucher das Leben in ihrem Heimatort offensichtlich als …

☒ weniger anstrengend.

Hinweis: *Hier soll eine Aussage getroffen werden, wie die Besucher das Leben „zu Hause" im Vergleich zu Berlin empfinden. Du findest die richtige Antwort im Text V. 9f.: „Sie möchten am liebsten zu Hause sein./ Und finden Berlin zu groß." V. 14f.: „Sie sind das alles so gar nicht gewöhnt./Und finden Berlin zu wild." Alle Verse drücken aus, dass sich die Besucher in Berlin nicht wohlfühlen und das Leben in ihrem Heimatort als weniger anstrengend (= 4. Antwort) empfinden.*

409 Im Gedicht …

	richtig	falsch
a) wird die Stadt Berlin als sympathische, menschenfreundliche Stadt dargestellt.	☐	☒
b) wird die Angst, die Berlin als Stadt bei den Besuchern auslöst, deutlich.	☒	☐
c) wird der Potsdamer Platz als hektischer und betriebsamer Ort beschrieben.	☒	☐
d) werden die Berliner beschrieben, wie sie ihren Alltag in der Großstadt genießen.	☐	☒

Hinweis: *Bei dieser Aufgabe musst du überprüfen, ob jede Aussage im Gedicht so genannt wird, also richtig oder falsch ist. Zu Aussage a) gibt es keinen Hinweis im Text. Zu Aussage b) gibt es mehrere Hinweise im Text: „verstört" (V. 1), „möchten am liebsten zu Hause sein" (V. 9), „lächeln bestürzt" (V. 18), „warten dumm" (V. 18). Zu Aussage c) gibt es mehrere Hinweise im Text: „am Potsdamer Platz … zu laut" (V. 1f.), „Bahnen ras-*

seln … Autos schrein“ (V. 8), „U-Bahn dröhnt“ (V. 13). Zu d) gibt es keinen Hinweis im Text.

410 Im Gedicht werden die Besucher vom Land auf ironische Weise lächerlich gemacht.

Hinweis: *Das Gedicht beschreibt, wie sich „Besuch vom Lande“ auf dem Potsdamer Platz fühlt und verhält. Besonders in Vers 4 wird deutlich, wie die Touristen versuchen, mit der Situation zurechtzukommen, und es ihnen bis zum Schluss nicht gelingt.*

Sprachwissen und Sprachbewusstsein – Aufgaben zum Gedicht

451 „Und finden Berlin zu laut.“

Hinweis: *Dieser Satz (V. 2) ist unvollständig, denn das Subjekt fehlt. Es wird in Vers 1 (sie) genannt. Für unvollständige Sätze gibt es weitere Beispiele: „Und zeigt entsetzlich viel Haut.“ (V. 5), „Und finden Berlin zu groß.“ (V. 10) oder „Und finden Berlin zu wild.“ (V. 15)*

452 verwirrt, hilflos, irritiert, durcheinander, orientierungslos

Hinweis: *Es gibt mehrere Antwortmöglichkeiten. Wichtig ist, dass die Hilflosigkeit der Besucher deutlich wird. Zudem findest du einen Hinweis im Wörterbuch.*

453 „Komm mit, mein Schatz!“

Hinweis: *Die direkte Rede heißt auch „wörtliche Rede“ und ist an den Anführungszeichen zu erkennen. Du findest die richtige Antwort im Text (V. 4). Achte darauf, dass du die Anführungszeichen aufschreibst!*

454 Und

Hinweis: *Konjunktionen sind Bindewörter, die Wörter, Wortgruppen oder Satzteile miteinander verbinden. Normalerweise wird „und“ nicht als Satzanfang verwendet.*

455 „Es klingt, als ob die Großstadt stöhnt,/weil irgendwer sie schilt.“ (V. 11 f.)

Hinweis: *In dieser Aufgabenstellung ist ein Fehler unterlaufen, keine Antwort ist richtig. Der erste Teilsatz ist ein Hauptsatz, der zweite und dritte jeweils ein Gliedsatz. Die Antworten geben vor, dass es einen eingeschobenen Teilsatz gibt. Diesen gibt es aber nicht, denn dann müsste der Teilsatz vom Satzanfang nach dem Einschub weitergehen.*

Die 1. Antwort wurde als richtig gewertet, denn es handelt sich um einen Gliedsatz. Die 2. Antwort wurde als falsch gewertet, denn der eingeschobene Satz ist kein Hauptsatz. Das finite Verb steht an letzter Stelle. Die 3. Antwort wurde als richtig gewertet, die 4. Antwort als falsch, denn es gibt hier keinen Infinitivsatz.
Richtig gewertet wurde auch, wenn man keine Antwort angekreuzt hatte.

456 durcheinander, ungeregelt

✎ ***Hinweis:** Setze die genannten Synonyme in die Textstelle ein. Achte darauf, dass der Textsinn/die Aussage nicht verändert wird.*

457 „Sie möchten am liebsten zu Hause sein" (V. 9)

[X] ein Wunsch

✎ ***Hinweis:** Die Formulierung „möchten am liebsten" weist auf einen Wunsch hin.*

5 Schreibkompetenz – Überarbeiten eines Pinnzettels

Schreibkompetenz – Aufgaben zur Überarbeitung des Textes „Gesucht wird"

581 Am 10. September 2007 war meine Katze mit Namen „Herr Lehmann" das letzte Mal bei mir zum Essen zu Hause.

✎ ***Hinweis:** Du findest zwei Hinweise im Text, wer Herr Lehmann ist: „alte Katzen" (Z. 14) und „rotes Fell, einen weißen Bauch und weiße Pfötchen" (Z. 16).*

582 Süßigkeiten für die Kinder

✎ ***Hinweis:** Überlege dir, was Kinder naschen: Süßigkeiten, Süßes, Naschereien. Du musst einen Oberbegriff nennen, nicht Schokolade, Bonbons oder Kaugummi.*

583

Unterstreichung	Umformulierung
a) „In dieser Zeit wird Herr Lehmann wohl abgehauen sein und ist bisher nicht zurückgekehrt.“ (Z. 8 f.)	In dieser Zeit wird Herr Lehmann wohl verschwunden/davongelaufen sein und ist bisher nicht zurückgekehrt.
b) „Blöderweise hat mir nun auch noch eine Nachbarin erzählt, dass sie am Montag das Quietschen von Autobremsen gehört hat.“ (Z. 10 f.)	Unglücklicherweise/Leider hat mir nun auch noch eine Nachbarin erzählt, dass sie am Montag das Quietschen von Autobremsen gehört hat.

Hinweis: *Die Worte „abgehauen“ und „blöderweise“ sind umgangssprachliche Wendungen. Unterstreiche sie in der linken Spalte. Sie müssen gegen ein Wort aus der Standardsprache ausgetauscht werden. Falls dir das schwerfällt, stell dir vor, du willst deinem/r Deutschlehrer/in diesen Text schreiben. Für „abhauen“ sieh im Duden nach.*

584

Streichung	Korrektur
a) „Am 10. September 2007 war Herr Lehmann das letzte Mal bei mir zum ~~essen~~ zu Hause.“ (Z. 2 f.)	„Am 10. September 2007 war Herr Lehmann das letzte Mal bei mir zum Essen zu Hause.“
b) „Neben vielen anderen Sachen … kaufte ich auch etwas ~~leckeres~~ für Herrn Lehmann.“ (Z. 3 f.)	„Neben vielen anderen Sachen … kaufte ich auch etwas Leckeres für Herrn Lehmann.“
c) „Danke, ~~ihre~~ Mitbewohnerin Monika Meyer“ (Z. 17)	„Danke, Ihre Mitbewohnerin Monika Meyer“

Hinweis: zu a) *In der Wortgruppe „zum Essen“ stellt „Essen“ eine Nominalisierung dar und wird großgeschrieben.*
zu b) *In der Wortgruppe „etwas Leckeres“ stellt „Leckeres“ eine Nominalisierung dar und wird deshalb großgeschrieben. Du erkennst es auch an dem vorangehenden Wort „etwas“.*
zu c) *Das Possessivpronomen „Ihre“ ist eine Höflichkeitsform und wird deshalb immer großgeschrieben.*

585

Streichung	Korrektur
a) „Seitdem mache ich mir Sorgen um Herrn Lehmann, weil man in ~~seinen~~ Alter nicht mehr so schnell ...“ (Z. 11 f.)	„Seitdem mache ich mir Sorgen um Herrn Lehmann, weil man in <u>seinem</u> Alter nicht mehr so schnell ...“
b) „Er hat rotes Fell, ~~ein~~ weißen Bauch und weiße Pfötchen.“ (Z. 16)	„Er hat rotes Fell, <u>einen</u> weißen Bauch und weiße Pfötchen.“

Hinweis:* *zu a) *Die Präposition „in“ verlangt den Dativ für das folgende Nomen und seinen Artikel: sein Alter – In welchem Alter? oder In wem oder was? – in seinem Alter.*
zu b) *Das Verb „haben“ benötigt ein Akkusativobjekt, um einen sinnvollen Satz zu bilden: ein weißer Bauch – wen oder was hat er? – Er hat einen weißen Bauch.*

586 Wenn Sie Herrn Lehmann gesehen haben **,** dann rufen Sie mich bitte an: 030/87 65 43 **.**

Hinweis: *Das Komma trennt den Nebensatz vom Hauptsatz. Der Punkt zeigt das Satzende an.*

6 Schreibkompetenz – Verfassen einer Nachricht „In den Müll“

In den Müll

Ein 80-jähriger Rentner warf Schmuck im Wert von 40 000 € in den Müll. Die 60 Uhren, Ketten und Armbänder wurden bisher in einer alten Schmuckkassette aufbewahrt. Der Familienschmuck sollte in einen neu gekauften Behälter umgeräumt werden. Jedoch vergaß der Rentner dies und warf die alte Schmuckkassette mitsamt dem Inhalt weg. Den Verlust bemerkte er erst nach Abfahrt der Müllabfuhr. Leider kann der wertvolle Schmuck nicht mehr gefunden werden.

Hinweis: *Einige wichtige Informationen* ***zum Lösen der Aufgabe*** *findest du in der Aufgabenstellung. Du sollst* ***eine Nachricht*** *schreiben. Eine Nachricht informiert kurz und knapp über ein aktuelles Ereignis. Sie hat keinen persönlichen Bezug, darf also von dir nicht kommentiert werden. Außerdem muss sie einen bestimmten* ***Aufbau*** *haben. Am <u>Textanfang</u> soll gesagt werden, was passiert ist (Was? Wer? Wann? und Wo?). Danach folgen in der <u>Textmitte</u> Informationen über Einzelheiten, z. B. wie und warum etwas passiert ist. Achte auf den richtigen zeitlichen Ablauf. An das <u>Ende des Textes</u> kommen weniger wichtige Einzelheiten. Der <u>Satzbau</u> ist einfach und knapp, die <u>Zeitform</u> ist das Präteritum.*

Weiterhin erfährst du aus der ***Aufgabenstellung****, dass du 65–70 Wörter schreiben darfst und alle Informationen auf dem Stichpunktzettel verwenden sollst. Daher ist es sinnvoll, die Notizen auf dem Stichpunktzettel nach ihrer Wichtigkeit zu ordnen. Unterstreiche außerdem die vier wichtigsten Informationen für den Textanfang. Bei einem so kurzen Text musst du ganz besonders auf die* ***sprachliche Richtigkeit und die Verständlichkeit*** *deiner Sätze achten. Am besten formulierst du deine Nachricht auf einem Schmierblatt vor. Überprüfe anschließend, ob du alle Informationen auf dem Stichpunktzettel verwendet hast und sie auch in der richtigen* ***Reihenfolge*** *genannt werden. Zähle die Wörter, da du beim Über- oder Unterschreiten der Wortzahl Punkte abgezogen bekommst.*
In der ***Musterlösung*** *siehst du, dass die wichtigsten Informationen darin bestehen, dass der Rentner Schmuck im Wert von 40 000 € in den Müll geworfen hat. Diese Kerninformationen bilden den ersten Satz. Es gibt bei den Stichpunkten keine Informationen über den Zeitpunkt (Wann?) und Ort (Wo?) des Vorfalls. In der Textmitte wird erklärt, wie es zum Wegwerfen des Familienschmucks kam. Achte darauf, die Wörter „Schmuck“ und „Schmuckkassette“ durch andere Wörter oder Wortgruppen zu ersetzen, dadurch kommt es nicht zu ständigen Wortwiederholungen. Am Textende wird nur berichtet, dass der Schmuck nicht mehr aufgefunden werden kann.*

7 Schreibkompetenz – Verfassen eines formalen Briefes

Fritz Hinterseer Berner Weg 5 8315 Lindau/Zürich Schweiz — Zürich, den 30. Mai 2008	Absenderadresse und Datum
Herrn Hubertus Maier Auf den Wiesen D-80993 München	Empfängeradresse
Geisterbahnfahrt	Bezug/Thema
Sehr geehrter Herr Maier,	Anrede
hiermit möchte ich mich nochmals für den Vorfall in Ihrer Geisterbahn entschuldigen und versuchen, mein Verhalten zu erklären. Erstens konnte ich nicht richtig sehen, da ich kurz vor dem Zusammentreffen mit dem Gruselwesen stark geblendet wurde und mich nun wieder in einem völlig dunklen Raum	Sachlage

befand. Es war nicht deutlich, dass ein elektronisch hoch sensibles Gerät auf mich zukam.

Außerdem habe ich mich erschrocken. Die Effekte waren so echt, dass ich dachte, ein Mensch steht vor mir und greift mich an. Wie in Notwehr griff ich nach einem Gegenstand, um den vermeintlichen Angreifer von mir fernzuhalten.

Es tut mir sehr leid, dass ich Ihnen solche Umstände gemacht habe, und hoffe, Ihr Geisterwesen wurde erfolgreich repariert!

Mit freundlichen Grüßen — Grußformel

Fritz Hinterseer — Unterschrift

Hinweis: *Du sollst hier eine* ***Stellungnahme*** *in Form eines Briefes schreiben. Es geht um einen Sachschaden, den du hervorgerufen hast, und für den du dich entschuldigen willst.*
Vergiss nicht, deinen Text mit der üblichen Anrede zu beginnen und zu beenden (Sehr geehrter Herr Maier, … Mit freundlichen Grüßen …).
Welche ***Position*** *du vertreten sollst, ist schon vorgegeben: Du willst dich für das Zerstören der Figur in der Geisterbahn entschuldigen und dein Verhalten erklären. Beginne deinen Brief mit der* ***Entschuldigung*** *und dem Nennen deiner Absicht.*
Laut Aufgabenstellung sollst du ***zwei Argumente*** *für dein Verhalten ausformulieren. Die Argumente und Belege/Beispiele sollen aus deinem Alltagswissen kommen. Der Text in der Musterlösung ist folgendermaßen aufgebaut:*
1. Argument: *Der Fahrgast konnte nicht richtig sehen.*
2. Argument: *Der Fahrgast hatte sich erschrocken und handelte in Notwehr.*
Andere Möglichkeiten *der Argumentation wären z. B. die Angst vor Berührung durch das Gruselwesen, der vorherige Alkoholkonsum des Fahrgastes oder die Erinnerung an eine ähnliche, aber reale Situation.*
Am ***Schluss*** *bietet es sich an, deiner Entschuldigung Nachdruck zu verleihen und einen positiven Wunsch zu formulieren. Bleibe höflich und verwende keine Umgangssprache.*
Beachte auch, dass du dich in die ***Rolle des Sachbeschädigers*** *hineinversetzt. Du bist dir deiner Schuld bewusst und versuchst nicht, den Geisterbahnbesitzer für das zerstörte Gruselwesen verantwortlich zu machen.*
Die Länge des Textes ist nicht vorgegeben. Es genügen zwei bis drei Sätze für jedes Argument. Achte darauf, jeweils ein Beispiel oder einen Beleg zu nennen. Bringe deine Argumente in eine ***sinnvolle Reihenfolge****, sodass du sie gut miteinander verknüpfen kannst.*
Vergiss nach dem Übertragen ins Reine nicht, die Wörter zu zählen.

1 Hemd mit Aussage

Es war Leibchen. Es wurde Statement. Man kann es exklusiv haben oder von der Stange. Das T-Shirt berichtet von unserem Lebensgefühl.

Von Karin Ceballos-Betancur

1 Wäre ein Kleidungsstück ein Gefühl, dann müsste das T-Shirt ein alter Freund sein, bei dem man morgens um vier auf der Matte stehen und sich in seine ausgebreiteten Arme werfen kann. [...]

Keine Epoche hat diese Qualitäten des T-Shirts besser zum Ausdruck ge-
5 bracht als die 80er-Jahre, als die Hemden so weit sein mussten, dass man sie bequem über die angewinkelten Knie bis zu den Zehen herunterziehen konnte, dabei eine Embryonalstellung einnehmend, die bei entsprechender Bewegung dazu führte, dass das T-Shirt immer weiter und schlabberiger wurde. Das Hemd, der Form nach einem T nachempfunden, war damals unser bester Freund. Wir nann-
10 ten es Tie-Schört.

Dabei ist es bis heute geblieben, auch wenn wir uns nicht mehr ganz so oft sehen wie früher. [...]

Das Jahrhundert des T-Shirts ist das zwanzigste, wenn seine Geschichte auch weiter zurückreicht. Bereits im ausgehenden 19. Jahrhundert begannen Matrosen
15 jenseits des Atlantiks unter ihren Blusen Baumwollhemden zu tragen, mit viereckigem Ausschnitt und goldenen Knöpfen, was auf die Dauer vermutlich unbequem wurde. Auch in England verordnete die Royal Navy ihren Matrosen ärmellose Unterwäsche aus Wolle unter den blauen Uniformen zu tragen. Später wurden Ärmel angesetzt, um Körperbehaarung und Tätowierungen zu verhüllen. Im Jahr
20 1913 übernahm die amerikanische Marine offiziell das klassische Modell mit kurzen Ärmeln und Rundhalsausschnitt. Weil sich Wolle bei Kampfeinsätzen unpraktischerweise als schweißtreibend erwies, stieg man nach dem Ersten Weltkrieg auf Baumwolle um.

[...] Die technischen Voraussetzungen für den Siegeszug des Leibchens hatte
25 der Engländer William Cotton in den 1860er-Jahren geschaffen, als er eine Wirkmaschine entwickelte, die das massenhafte Rundwirken möglich machte, was den gewebten Stoff langsam vom Markt drängte. Während in Europa zu Beginn des 20. Jahrhunderts Baden und wöchentliches Wäschewechseln zur Gewohnheit wurden, machte die Cottonmaschine selbst Arbeitern möglich, dem neuen Hy-
30 gienebewusstsein durch den Erwerb kostengünstiger Unterwäsche Rechnung zu tragen. [...]

Amerikanische Sportteams waren die ersten, die T-Shirts mit Schablonen beschrifteten, Nummern und Namen der Spieler aufbrachten, was unter Anhängern und Fans schnell zum Erkennungszeichen wurde. In Frankreich nahm die Desig-
35 nerin Coco Chanel den neuen Stoff für ihre T-Shirts in ihre Kollektion auf, eine erste Verabredung zwischen proletarischem Kleidungsstück und der Welt der Haute Couture[1]. [...] Zum ultimativen Durchbruch verhalf ihm ein weiteres Mal das Militär. Während des Zweiten Weltkriegs entwickelte die US-Navy ein Ausstattungselement, das zu 100 Prozent aus Baumwolle bestand und einen Rund-
40 halsausschnitt vorzuweisen hatte. Das T-Shirt – luftig, wenig Raum im Marschgepäck einnehmend, nutzbar sowohl als Handtuch als auch als weiße Fahne – kam mit den Alliierten nach Europa. [...] Schauspieler wie Marlon Brando und James Dean erhöhten das T-Shirt während der 50er-Jahre in Verbindung mit Bluejeans und Lederjacken zum Symbol einer widerständigen Jugend, die sich zum ersten
45 Mal in der Geschichte als Lebensgefühlsgemeinschaft definierte. In Amerika wie auch in Europa wurde das T-Shirt zum Symbol einer Generationenrevolte.

[...] Um diese Provokation im 21. Jahrhundert nur annähernd nachempfinden zu können, müsste man heute vermutlich einen BH übers T-Shirt ziehen und ein öffentliches Verkehrsmittel betreten. In den westlichen Gesellschaften
50 der 50er-Jahre jedenfalls hatte das T-Shirt jenseits von Sportstadien und Schlafzimmern nach herrschender Meinung wenig zu suchen. Ein Bruch mit dieser Haltung musste zum rebellischen Akt geraten. Der amerikanische Designer Tommy Hilfiger musste bis in die 70er-Jahre warten, ehe das T-Shirt als Kleidungsstück an staatlichen Schulen akzeptiert wurde.

55 [...] In den 60er-Jahren durften schließlich auch Frauen aus der Enge von Korsetts und geknöpften Blusen in die Jersey-Umarmung fliehen. [...] Die Aneignung dieses bisher zutiefst männlichen Kleidungsstücks machte das T-Shirt zum Accessoire für starke, unabhängige Frauen. [...]

Auch auf den Straßen, bei Demonstrationen, wurde das T-Shirt zum trag-
60 barsten aller Transparente. Die Sprüche waren schnell aufgebracht und mussten nicht einmal über den Tag hinaus Bestand haben, weil der Untergrund billig war. Dabei ist es geblieben. In einer individualisierten Gesellschaft dient das T-Shirt als Leinwand, zur Vermittlung von Vorstellungen und Forderungen, ohne dass der Träger dazu den Mund aufmachen müsste. [...]

65 Kein Fummel lässt sich so leicht und unkompliziert in Besitz nehmen wie ein T-Shirt, nicht nur mit Schere und Farbe. „Es ist das einzige Kleidungsstück“, so Fashion-Designer Helmut Lang, „das sich unseren Wünschen völlig unterwirft. Mal Unterwäsche, mal Oberbekleidung, es ändert sich je nach Sitten und Saison.“ [...] Für Einzelstücke sind Kunden bereit, bis zu 800 Euro zu investie-
70 ren. Als die Italiener Dolce & Gabbana bei ihrer Frühjahrspräsentation 2001 Models mit Madonna-T-Shirts auf den Laufsteg schickten, war die auf 200 Exemp-

lare begrenzte Auflage eines Edel-Shirts mit Stickereien und Swarowski-Steinen innerhalb kürzester Zeit ausverkauft.

„Das T-Shirt ist heute […] eine Visitenkarte, quasi ein Personalausweis", 75 sagt der Modeschöpfer Christian Lacroix. „Es spricht aus, was man denkt. […] Man trägt es nicht, ohne nachzudenken. Die Form zählt genauso zum Inhalt." Erlaubt ist dabei längst, was gefällt. […]

Die 70er-Jahre brachten auch noch die Unsitte hervor, Markennamen und Logos der Hersteller nicht nur auf dem Etikett, sondern auch mehr oder weniger 80 großflächig auf der Vorderseite unterzubringen. Eine geschmackliche Entgleisung, die umgehend durch den Boom der Fälscherindustrie bestraft wurde, die heute etwa sieben Prozent des weltweiten Umsatzes einstreicht.

In einem einzigen T-Shirt liegen zehn Kilometer Faden in Maschen. Weltweit werden jährlich mehr als zwei Milliarden T-Shirts verkauft. Die 20 Cent, für die 85 ein T-Shirt in China produziert wird, oft unter äußerst fragwürdigen Arbeitsbedingungen, machen kaum mehr als 0,5 Prozent des Endpreises aus. Kritik daran nutzen Labels wie American Apparel, die in den USA produzieren und mit stabilen Arbeitsplätzen für ihre Produkte werben. Die T-Shirts tragen keine Logos – eine Leinwand, weiß, schwarz, zur Gestaltung freigegeben. […]

Quelle: Der Tagesspiegel vom 03. 05. 2008.

1 Haute Couture = Schneiderkunst, die für die elegante Mode bedeutsam ist

Lesekompetenz – Aufgaben zu Text 1 „Hemd mit Aussage" Punkte

101 Das T-Shirt wird in Z. 1–2 indirekt verglichen mit einem … 1

- ☐ Buchstaben.
- ☐ Lebewesen.
- ☐ Material.
- ☐ Gegenstand.

102 Das Lebensgefühl, das man mit einem T-Shirt verbindet, hat sich im Laufe des 20. Jahrhunderts verändert. Ordnen Sie den jeweils passenden Begriff dem entsprechenden Jahrzehnt zu.

Markenfixierung	Bequemlichkeit	Emanzipation	Revolte

Jahrzehnt	Das Lebensgefühl ist geprägt von ...	
50er-Jahre		1
60er-Jahre		1
70er-Jahre		1
80er-Jahre		1

103 Wie viele T-Shirts werden jährlich weltweit verkauft? 1

____

104 Wie viel kostet ein T-Shirt in der Herstellung? 1

____

105 Im Text heißt es, dass die US-Navy während des Zweiten Weltkriegs dem T-Shirt zum „ultimativen Durchbruch" verhalf (Z. 37 f.). Notieren Sie aus dem Text zwei für das Militär bedeutsame Vorteile, die Soldaten mit T-Shirts auszurüsten.

a) ____ 1

b) ____ 1

106 Im Text heißt es, dass das T-Shirt heute u. a. als Visitenkarte dient (Z. 74). Erläutern Sie mithilfe des Textes, was damit gemeint ist. 2

____

____

107 Notieren Sie einen Grund aus dem Text, warum aus dem ärmellosen Unterhemd ein T-Shirt wurde. 1

____

108 Welche technische Erfindung beförderte die massenhafte Fertigung von T-Shirts? 1

____

109 Die Royal Navy verordnete ihren Männern zunächst Unterhemden aus Wolle. Notieren Sie …

a) den Grund, warum die Wolle später durch Baumwolle ersetzt wurde, und
b) wann dies geschah.

a) ______________________________ 1

b) ______________________________ 1

110 Der Anteil gefälschter T-Shirts am Gesamtumsatz beträgt heute … 1

☐ 5 %.
☐ 7 %.
☐ 10 %.
☐ 15 %.

111 Im Text heißt es, dass der Massenartikel T-Shirt in die Welt der Haute Couture Einzug gehalten hat. Notieren Sie, wer das Kleidungsstück erstmals in die Kollektion aufnahm. 1

____

112 In welchem Jahr präsentierten die Italiener Dolce & Gabbana Models mit Madonna-T-Shirts? 1

____

113 In den 50er-Jahren galt es als Provokation, ein T-Shirt in der Öffentlichkeit zu tragen. Der Text nennt ein Bekleidungsbeispiel, womit dies heute nachzuempfinden wäre. Notieren Sie das im Text genannte Beispiel. 1

____

____

114 Ab wann wurde das T-Shirt als Kleidungsstück an staatlichen Schulen in den USA akzeptiert? 1

☐ 40er-Jahre.
☐ 50er-Jahre.
☐ 60er-Jahre.
☐ 70er-Jahre.

115 Im Text heißt es, dass die Geschichte des T-Shirts weit zurückreicht. Notieren Sie,

a) wann das T-Shirt erstmals getragen wurde und
b) von wem das T-Shirt erstmals getragen wurde.

a) ______________________________ 1

b) ______________________________ 1

116 Im Untertitel heißt es, dass man das T-Shirt „exklusiv […] oder von der Stange“ haben kann. Damit ist gemeint, dass es … 1

- ☐ nur als Einzelstück von exklusiven Designern erhältlich ist.
- ☐ nur bei besonders exklusiven Gelegenheiten erhältlich ist.
- ☐ sowohl als Einzelstück als auch als Massenprodukt erhältlich ist.
- ☐ direkt im Straßenverkauf von der Kleiderstange erhältlich ist.

117 Im Text (Z. 85f.) ist von „äußerst fragwürdigen Arbeitsbedingungen“ bei der Herstellung von T-Shirts die Rede. Notieren Sie ein Beispiel dafür aus Ihrem Alltagswissen. 2

____

118 In dem Textabschnitt Z. 78–82 finden sich subjektive Wertungen der Autorin dieses Zeitungsartikels. Notieren Sie eine. 2

____

Lesekompetenz gesamt **27**

Sprachwissen und Sprachbewusstsein – Aufgaben zu Text 1

Punkte

151 Für das Wort „Leibchen“ (Z. 24) finden sich im Wörterbuch folgende Synonyme. Unterstreichen Sie zwei für diesen Text passende. 1

Weste	Unterhemd	Sporthemd

152 Der Autor verwendet verschiedene Stilmittel.
Ordnen Sie jedem Satz die richtige Nummer zu.

1) Vergleich
2) Personifikation
3) Alliteration
4) Parallelismus

Nummer

a) „wöchentliches Wäschewechseln“ (Z. 28) ______ 1

b) „Das T-Shirt berichtet von unserem Lebensgefühl.“ (im Untertitel) ______ 1

153 Im Text wird von „stabilen Arbeitsplätzen“ gesprochen (Z. 88). Ersetzen Sie das Adjektiv „stabil“ durch ein anderes aus Ihrem Alltagswissen, ohne dass die Aussage des Satzes verändert wird. 1

____

154 Unterstreichen Sie in dem folgenden Satz das vollständige Subjekt. 1

In einem einzigen T-Shirt liegen zehn Kilometer Faden in Maschen. (Z. 83)

155 Unterstreichen Sie in dem folgenden Satz das Prädikat. 1

Die T-Shirts tragen keine Logos – eine Leinwand, weiß, schwarz, zur Gestaltung freigegeben. (Z. 88 f.)

156 Im Text gibt es zahlreiche Komposita wie „Körperbehaarung“ (Zeile 35). Notieren Sie ein weiteres aus den Zeilen 21–23. 1

____

157 Bestimmen Sie den Modus der Verben im folgenden Teilsatz: „Wäre ein Kleidungsstück ein Gefühl, dann müsste das T-Shirt …“ (Zeile 1). 1

- ☐ Indikativ
- ☐ Imperativ
- ☐ Konjunktiv I
- ☐ Konjunktiv II

158 Unterscheiden Sie bei dem folgenden Satz zwischen Haupt- und Nebensatz (Gliedsatz). Notieren Sie jeweils die Abkürzungen HS bzw. NS. 2

	Hauptsatz/Nebensatz
Die technischen Voraussetzungen für den Siegeszug des Leibchens hatte der Engländer William Cotton in den 1860er-Jahren geschaffen,	
als er eine Wirkmaschine entwickelte,	
die das massenhafte Rundwirken möglich machte,	
was den gewebten Stoff langsam vom Markt drängte. (Zeile 24–27)	

159 In dem Satz „Es spricht aus, was man denkt." (Z. 75) ersetzt der Nebensatz ein vollständiges Satzglied. Notieren Sie, um welches es sich handelt. 1

____

160 Bestimmen Sie, um welche Art von Nebensatz es sich bei dem folgenden handelt: „... weil der Untergrund billig war." (Z. 61) 1

- ☐ konzessiver Nebensatz
- ☐ konditionaler Nebensatz
- ☐ konsekutiver Nebensatz
- ☐ kausaler Nebensatz

161 Ersetzen Sie im Satz: „Für Einzelstücke sind Kunden bereit, bis zu 800 Euro zu investieren." (Zeile 79 f.) den erweiterten Infinitiv durch einen anderen passenden. 1

____

162 In dem Satz „Das Hemd, der Form nach einem T nachempfunden, war damals unser bester Freund." (Zeile 8 f.) wird eine Apposition verwendet. Welche Funktion hat diese im Satz? 2

____

163 Bestimmen Sie das Tempus der unterstrichenen Prädikate in folgenden Sätzen.

	Tempus	
Dabei ist es bis heute geblieben. (Z. 11)		1
Weltweit werden jährlich mehr als zwei Milliarden T-Shirts verkauft. (Z. 83 f.)		1
Wir nannten es Tie-Schört. (Z. 9 f.)		1

164 Im Text wird der Designer Helmut Lang zitiert (Zeile 66–68).
Setzen Sie das Zitat in indirekte Rede mithilfe des Konjunktiv I.
„Es ist das einzige Kleidungsstück", so Fashion-Designer Helmut Lang, „das sich unseren Wünschen völlig unterwirft."
Fashion-Designer Helmut Lang sagt, … 2

____

____

____

____

____

Sprachwissen gesamt 20

2 Zugewandert – abgewandert

Quelle: Statistisches Bundesamt

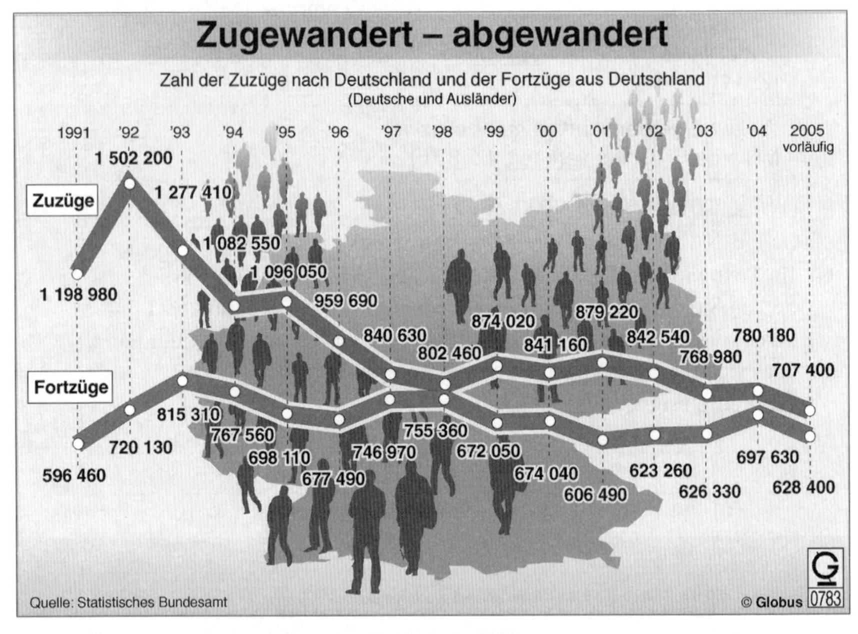

Quelle: Globus Infografik GmbH vom 17. 07. 2006, Nr. 0783

Lesekompetenz – Aufgaben zur Grafik „Zugewandert – abgewandert“

Punkte

201 Notieren Sie, womit sich die Grafik thematisch befasst. 1

____

____

202 Über welche Personen gibt die Grafik Auskunft?
Kreuzen Sie die richtige Antwort an. 1

- ☐ ausschließlich Deutsche
- ☐ ausschließlich Ausländer
- ☐ Deutsche und Ausländer
- ☐ Deutsche in der EU

203 Die Grafik erfasst einen bestimmten Zeitraum.
Notieren Sie diesen. 1

____

204 Ein Jahr ist noch nicht vollständig erfasst.
Notieren Sie dieses. 1

____

205 Notieren Sie das Jahr, in dem es die meisten Zuzüge nach Deutschland gab. (Hinweis: nur vollständig erfasste Jahre) 1

____

206 Notieren sie das Jahr, in dem es die meisten Fortzüge aus Deutschland gab. (Hinweis: nur vollständig erfasste Jahre) 1

____

207 Wie oft stieg seit 2000 die Zahl der Fortzüge aus Deutschland im Vergleich zum Vorjahr?
Kreuzen Sie die richtige Antwort an. 1

- ☐ 2-mal
- ☐ 3-mal
- ☐ 4-mal
- ☐ 5-mal

208 In welchem Jahr waren die Zuzüge nach Deutschland und die Fortzüge aus Deutschland zahlenmäßig fast ausgeglichen? 1

____

209 Wer hat die Daten erhoben? 1

____

210 In welchem Jahr wurde die Grafik veröffentlicht? 1

____

211 Welche Tendenz lässt sich seit 2004 für Fort- und Zuzüge ablesen? 2

____

____

Lesekompetenz gesamt 12

3 Der Vorleser

Bernhard Schlink

Der Roman „Der Vorleser" ist aus der Perspektive von Michael Berg geschrieben, der als 15-jähriger Junge aufgrund einer Krankheit für einige Zeit nicht zur Schule gehen kann. Während seiner Krankheit lernt er eine Frau – Hanna Schmitz – kennen, in die er sich verliebt. Diese Frau ist allerdings wesentlich älter als Michael, daher erzählt er zu Hause bei seinen Eltern und Geschwistern auch nichts von ihr.

1 Als ich von ihr [Hanna Schmitz] nach Hause kam, saßen meine Eltern und Geschwister schon beim Abendessen. „Warum kommst du so spät? Deine Mutter hat sich Sorgen um dich gemacht." Mein Vater klang mehr ärgerlich als besorgt. Ich sagte, ich hätte mich verirrt; ich hätte einen Spaziergang über den Ehrenfried-
5 hof zur Molkenkur geplant, sei aber lange nirgendwo und schließlich in Nußloch angekommen. „Ich hatte kein Geld und musste von Nußloch nach Hause laufen." „Du hättest trampen können." Meine jüngere Schwester trampte manchmal, was meine Eltern nicht billigten.

Mein älterer Bruder schnaubte verächtlich. „Molkenkur und Nußloch – das
10 sind völlig verschiedene Richtungen."

Meine ältere Schwester sah mich prüfend an.

„Ich gehe morgen wieder zur Schule."

„Dann pass gut auf in Geographie. Es gibt Norden und Süden, und die Sonne geht …" Meine Mutter unterbrach meinen Bruder. „Noch drei Wochen, hat der
15 Arzt gesagt." „Wenn er über den Ehrenfriedhof nach Nußloch und wieder zurück laufen kann, kann er auch in die Schule gehen. Ihm fehlt's nicht an Kraft, ihm fehlt's an Grips[1]." Als kleine Jungen hatten mein Bruder und ich uns ständig geprügelt, später verbal[2] bekämpft. Drei Jahre älter, war er mir im einen so überlegen wie im anderen. Irgendwann habe ich aufgehört zurückzugeben und seinen kämpferi-
20 schen Einsatz ins Leere laufen lassen. Seitdem beschränkte er sich aufs Nörgeln.

„Was meinst du?" Meine Mutter wandte sich an meinen Vater. Er legte Messer und Gabel auf den Teller, lehnte sich zurück und faltete die Hände im Schoß. Er schwieg und schaute nachdenklich, wie jedesmal, wenn meine Mutter ihn der Kinder oder des Haushalts wegen ansprach. Wie jedesmal fragte ich mich, ob er
25 tatsächlich über die Frage meiner Mutter nachdachte oder über seine Arbeit. Vielleicht versuchte er auch, über die Frage meiner Mutter nachzudenken, konnte aber, einmal ins Nachdenken verfallen, nicht anders als an seine Arbeit denken. Er war Professor für Philosophie, und Denken war sein Leben, Denken und Lesen und Schreiben und Lehren.

30 Manchmal hatte ich das Gefühl, wir, seine Familie, seien für ihn wie Haustiere. Der Hund, mit dem man spazieren geht, und die Katze, mit der man spielt,

auch die Katze, die sich im Schoß kringelt und schnurrend streicheln lässt – das kann einem lieb sein, man kann es in gewisser Weise sogar brauchen, und trotzdem ist einem das Einkaufen des Futters, das Säubern des Katzenklos und der
35 Gang zum Tierarzt eigentlich schon zu viel. Denn das Leben ist anderswo. Ich hätte gerne gehabt, dass wir, seine Familie, sein Leben gewesen wären. Manchmal hätte ich auch meinen nörgelnden Bruder und meine freche kleine Schwester lieber anders gehabt. Aber an dem Abend hatte ich sie alle plötzlich furchtbar lieb. Meine kleine Schwester. Vermutlich war es nicht leicht, das jüngste von vier Ge-
40 schwistern zu sein, und konnte sie sich ohne einige Frechheit nicht behaupten. Mein großer Bruder. Wir hatten ein gemeinsames Zimmer, was für ihn sicher schwieriger war als für mich, und überdies musste er, seit ich krank war, mir das Zimmer völlig lassen und auf dem Sofa im Wohnzimmer schlafen. Wie sollte er nicht nörgeln? Mein Vater. Warum sollten wir Kinder sein Leben sein? Wir wuch-
45 sen heran und waren bald groß und aus dem Haus.

Mir war, als säßen wir das letzte Mal gemeinsam um den runden Tisch unter dem fünfarmigen, fünfkerzigen Leuchter aus Messing. Als äßen wir das letzte Mal von den alten Tellern mit den grünen Ranken am Rand, als redeten wir das letzte Mal so vertraut miteinander. Ich fühlte mich wie bei einem Abschied. Ich war
50 noch da und schon weg. Ich hatte Heimweh nach Mutter und Vater und den Geschwistern, und die Sehnsucht, bei der Frau [Hanna Schmitz] zu sein.

Mein Vater sah zu mir herüber. „Ich gehe morgen wieder zur Schule – so hast du gesagt, nicht wahr?"

„Ja." Es war ihm also aufgefallen, dass ich ihn und nicht Mutter gefragt und
55 auch nicht gesagt hatte, ich frage mich, ob ich wieder in die Schule gehen soll.

Er nickte. „Lassen wir dich zur Schule gehen. Wenn es dir zu viel wird, bleibst du eben wieder zu Hause."

Ich war froh. Zugleich hatte ich das Gefühl, jetzt sei der Abschied vollzogen.

Quelle: Bernhard Schlink: Der Vorleser. Diogenes Verlag, Zürich 1997, S. 29–32

1 Grips = Verstand, Auffassungsgabe
2 verbal = mit Worten

Lesekompetenz – Aufgaben zu Text 3 „Der Vorleser“

Punkte

301 Wie alt ist Michael? 1

____

302 Wer spricht Michael als Erstes an, nachdem er nach Hause gekommen ist? Notieren Sie. 1

____

303 Wie viele Personen sitzen insgesamt am Abendbrottisch? Notieren Sie. 1

____

304 Ordnen Sie die Nummern des entsprechenden Familienmitgliedes der wörtlichen Rede zu.

1) der Vater
2) die Mutter
3) der ältere Bruder
4) Michael
5) die jüngere Schweser

	Nummer	
a) „Ich hatte kein Geld und musste von Nußloch nach Hause laufen.“		1
b) „Dann pass gut auf in Geographie. Es gibt Norden …“.		1
c) „Noch drei Wochen, hat der Arzt gesagt.“		1
d) „Wenn er über den Ehrenfriedhof nach Nußloch …“.		1

305 In Z. 11 heißt es: „Meine ältere Schwester sah mich prüfend an.“ Notieren Sie einen möglichen Grund für ihr Verhalten. 2

____

____

306 Über den Bruder sagt der Erzähler: „Drei Jahre älter, war er mir im einem so überlegen wie im anderen“ (Z. 18 f.). Worin war er ihm überlegen? Notieren Sie die zwei Merkmale, in denen der Bruder ihm überlegen ist.

____ 1

____ 1

307 In Z. 35 heißt es: „Denn das Leben ist anderswo.“ Das bedeutet, der Vater … 2

- [ ] lehnt seine Familie ab.
- [ ] wohnt und lebt an einem anderen Ort.
- [ ] versorgt seine Kinder nicht.
- [ ] fühlt sich durch das Familienleben nicht ausgefüllt.

308 Der Erzähler zeigt durch eine Aussage (wörtliche Rede) im Text, dass er für sich selbst entscheiden will, was richtig ist. Notieren Sie diese Aussage und geben Sie die Zeile an, in der sie steht. 1

____

____

309 Michaels Einstellung zu den anderen Familienmitgliedern ist am Ende des Gesprächs geprägt von: … Kreuzen Sie an.

	zutreffend	nicht zutreffend	
a) Verachtung	☐	☐	1
b) Verständnis	☐	☐	1
c) Gleichgültigkeit	☐	☐	1
d) Trotz	☐	☐	1
e) Zuneigung	☐	☐	1

310 In Z. 50 verspürt Michael „Heimweh nach Mutter und Vater und den Geschwistern“, obwohl er im selben Moment mit ihnen zusammen ist. Michael verspürt also „Heimweh“, weil … 2

- [ ] er sich nicht vorstellen kann, ein selbstständiges Leben ohne seine Familie zu führen.
- [ ] er beschlossen hat, die Familie bald zu verlassen, um allein zu leben.
- [ ] er spürt, dass die Zeit des reinen „Kindseins“ vorbei ist.
- [ ] er seine Familie in der Vergangenheit häufig vermisst hat.

Lesekompetenz gesamt **21**

Sprachwissen und Sprachbewusstsein –
Aufgaben zu Text 3 „Der Vorleser"

Punkte

351 In Z. 46 steht: „Mir war, als säßen wir das letzte Mal um den runden Tisch …"
Die unterstrichene Formulierung bedeutet: 1

- ☐ Er weiß es.
- ☐ Er hofft es.
- ☐ Er fühlt sich so.
- ☐ Er will es so.

352 Bestimmen Sie die folgenden Sätze. Ordnen Sie jedem Satz die richtige Nummer zu.
1) rhetorische Frage
2) indirekte Rede
3) Fragesatz
4) Einschub

	Nummer	Punkte
a) Warum kommst du so spät? (Z. 2)		1
b) Ich sagte, ich hätte mich verirrt. (Z. 4)		1
c) Warum sollten wir Kinder sein Leben sein? (Z. 44)		1

353 Für das Wort „groß" (Z. 45) gibt es im Wörterbuch folgende Synonyme.
Unterstreichen Sie ein Wort, das zu dieser Textstelle passt. 1

mächtig, beträchtlich, reichlich, stark, bedeutend, gewaltig, bemerkenswert, erheblich, erwachsen, geräumig, hoch, lang

354 In Zeile 9 steht: „Mein älterer Bruder schnaubte verächtlich."
Das bedeutet: Mein älterer Bruder … 1

- ☐ sagt den Satz abfällig.
- ☐ putzt sich die Nase.
- ☐ sagt den Satz wütend.
- ☐ spricht durch die Nase.

355 Erklären Sie die unterstrichene Formulierung: Ich hatte sie alle „plötzlich furchtbar lieb“ (Zeile 38). 1

____

356 Im Text gibt es mehrere grammatisch unvollständige Sätze, z. B. in Zeile 44: „Mein Vater.“ Welcher der folgenden Fachbegriffe bezeichnet unvollständige Sätze? 1

- ☐ Hyperbel
- ☐ Ellipse
- ☐ Parabel
- ☐ Inversion

357 Ordnen Sie die Nummern der jeweiligen Steigerungsform den unterstrichenen Adjektiven richtig zu.

1) Positiv
2) Komparativ
3) Superlativ

	Nummer	
a) „… das jüngste von vier Geschwistern zu sein …“ (Z. 39 f.)		1
b) „Meine ältere Schwester sah mich prüfend an.“ (Z. 11)		1
	Sprachwissen gesamt	**10**

4 Schreibkompetenz – Überarbeiten eines Schülertextes

Folgende Beurteilung einer Gruppenarbeitsphase im Deutschunterricht wurde von einem Schüler abgegeben. Leider haben sich einige Fehler eingeschlichen, die von Ihnen als Mitschüler/-in in einer Schreibkonferenz überarbeitet werden müssen.

1 Die Gruppenarbeitsatmosphäre zum Film „Die Welle“ war cool und hat mir generell gut gefallen. Am Anfang haben fast alle aus unserer Gruppe denn Film gemeinsam gesehen und darüber gesprochen. Am nächsten Tag haben wir Gruppen gebildet. Cornelia, Anna und ich machten die Power-Point-Präsentation, Max,
5 Friedrich und Lena fertigten die Inhaltsangabe an, und Marie, Felix und Philip übernahmen die Arbeitsblätter.

Als es dann ans arbeiten ging, fanden die meisten schnell eine Aufgabe, nur Friedrich, Lena und Anna musste man ab und zu zur Konzentration aufrufen. Besonders Anna war oft ein kleiner Störfaktor da sie oft Kommentare abgegeben hat die nicht immer
10 passend waren. Cornelia und Felix waren immer sehr konzentriert bei der Arbeit und haben oft auch viel als Hausaufgaben erledigt. Auch wenn es zeitweise so aussah als ob wir es nicht mehr schaffen würden verlief unsere Präsentation dann ja doch relativ problemlos.

Wir müssen beim nächsten mal die Arbeitsblätter gemeinsam durchgehen, damit uns
15 nicht mehr so viele Fehler passieren. Ansonsten denke ich, dass wir das als Gruppe gut hingekriegt haben.

Insgesamt hat mir die Arbeit an ein Filmprojekt gut gefallen, weil es Spaß gemacht hat und man etwas gelernt hat.

Schreibkompetenz – Überarbeiten des Schülertextes

Punkte

481 Im Text finden sich umgangssprachliche Formulierungen.
Unterstreichen Sie diese und formulieren sie in Standardsprache um.

Unterstreichung	Umformulierung	Punkte
a) „Die Gruppenarbeitsatmosphäre (…) war cool und hat mir generell gut gefallen.“ (Zeile 1 f.)		2
b) „… dass wir das als Gruppe gut hingekriegt haben.“ (Zeile 15 f.)		2

482 In den folgenden Formulierungen gibt es Rechtschreibfehler.
Streichen Sie die Rechtschreibfehler durch und korrigieren Sie sie.

Streichung	Korrektur	
a) „Am Anfang hatten fast alle aus unserer Gruppe denn Film gemeinsam gesehen …“ (Zeile 2 f.)		1
b) „Als es dann ans arbeiten ging, fanden die meisten schnell eine Aufgabe …“ (Zeile 7)		1
c) „Wir müssen beim nächsten mal die Arbeitsblätter gemeinsam durchgehen …“ (Zeile 14)		1

483 In den folgenden Sätzen fehlen Satzzeichen. Setzen Sie diese.

a) „Auch wenn es zeitweise so aussah als ob wir es nicht mehr schaffen würden verlief unsere Präsentation dann ja doch relativ problemlos.“ (Z. 11–13) 1

b) „Besonders Anna war oft ein kleiner Störfaktor da sie oft Kommentare abgegeben hat die nicht immer passend waren.“ (Z. 8–10) 1

484 In der folgenden Formulierung gibt es einen Kasusfehler.
Streichen Sie den Fehler durch und korrigieren Sie ihn. 1

Streichung	Korrektur
Insgesamt hat mir die Arbeit an ein Filmprojekt gut gefallen, weil es Spaß gemacht hat und man etwas gelernt hat. (Z. 17 f.)	

485 Der zweite und der dritte Satz beginnen mit derselben Präposition.
Um eine Wiederholung zu vermeiden, formulieren Sie den Anfang des ersten Satzes um. 2

Ausgangssätze	Umformulierung
Am Anfang haben fast alle aus unserer Gruppe denn Film gemeinsam gesehen und darüber gesprochen. Am nächsten Tag haben wir Gruppen gebildet.	

Schreibkompetenz gesamt 12

5 Schreibkompetenz – Erstellen eines Schreibplans

Sie nehmen mit Ihrer Klasse an dem Projekt „Zeitung in der Schule" teil. Dafür erstellen Sie einen Schreibplan zu der folgenden These:

Es ist sinnvoll, nach der Schulzeit ein „Soziales Jahr" für alle Schülerinnen und Schüler verpflichtend einzuführen.

Im Folgenden finden Sie Argumente und Belege ungeordnet aufgelistet. Punkte

a) Sortieren Sie auf die Argumente zunächst nach Pro und Kontra.
b) Ordnen Sie dann den Argumenten 1–8 den jeweils passenden Beleg a–h zu.

Argumente	Belege
1. Verantwortung für andere übernehmen	a) Jugendliche dienen als billige Arbeitskräfte
2. Einschränkung persönlicher Entfaltungsmöglichkeiten bei verbindlicher Einführung	b) schon seit drei Jahren freiwillige Tätigkeit als Leiter einer Jugendgruppe
3. Abbau von Arbeitsplätzen im sozialen Bereich	c) Praktikum im Ausland
4. Kennenlernen neuer Kulturen	d) Zahl der Schulabgänger übersteigt die Zahl der angebotenen Plätze bei weitem
5. bereits ehrenamtliche Tätigkeiten am Wohnort	e) mit anderen kommunizieren und im Team arbeiten können

6. begrenztes Angebot an Stellen für das Soziale Jahr	f) Betreuung eines Kunstprojektes für Sehbehinderte
7. Vor- und Nachteile eines Berufsfeldes erkunden	g) Entscheidungshilfe bei der Berufswahl
8. Erwerb von Fähigkeiten, die man in allen Berufen gebrauchen kann	h) bereits abgeschlossener Ausbildungsvertrag geht verloren

Pro-Argumente und Belege

Nummer + Buchstabe

- ______ ______ 2
- ______ ______ 2
- ______ ______ 2
- ______ ______ 2

Kontra-Argumente und Belege

Nummer + Buchstabe

- ______ ______ 2
- ______ ______ 2
- ______ ______ 2
- ______ ______ 2

gesamt 16

6 Schreibkompetenz – Verfassen eines formalen Briefes

In einem Jugendmagazin erschien ein Artikel zum Thema

„Aufregende Abende, kurzfristige Verabredungen – Das Handy verändert das Verhalten Jugendlicher"

Im Folgenden finden Sie einige Argumente und Belege, die für diese Thesen sprechen:

Das Wochenende muss nicht mehr langfristig geplant werden, weil man sich spontan über SMS verabreden kann.

Mit dem Handy wird es nie langweilig, weil man damit fotografieren, filmen, spielen oder Musik hören kann.

Eine SMS ermöglicht es, Leute schnell wieder zu finden oder auf Distanz zu halten, da kein direkter Kontakt mehr nötig ist.

Aufgabe:

- Verfassen Sie einen Leserbrief an die Zeitung, in dem Sie persönlich Stellung nehmen.
- Verwenden Sie in Ihrem Brief zwei der oben genannten Pro-Argumente.
- Finden Sie darüber hinaus zwei passende Gegenargumente mit entsprechendem Beleg.
- Formulieren Sie abschließend Ihr persönliches Fazit.
- Beachten Sie dabei die Regeln für das Verfassen eines formalen Briefs.

Schreibkompetenz – Verfassen eines formalen Briefes

Berlin, den 20. Mai 2009

An

Berlin Aktuell
Scheibenstraße 65
19888 Berlin

Leserbrief zum Thema: Aufregende Abende, kurzfristige Verabredungen – Das Handy verändert das Verhalten Jugendlicher

Anzahl der Worte: __________

		Punkte
681	Aufbau	3
682	Adressatenorientierung	2
683	Textmuster	4
684	Schreibfunktion	3
685	Format	2
686	Originalität/Einfallsreichtum	2
687	Sprachliche Vielfalt und Genauigkeit	2
688	Sprachliche Richtigkeit/Verständlichkeit	2
689	Schreibregeln	2
	Schreibkompetenz	**22**

Lösungsvorschläge

1 Hemd mit Aussage *(Karin Ceballos-Betancur)*

Lesekompetenz – Aufgaben zu Text 1

101 Das T-Shirt wird in Zeile 1–3 indirekt verglichen mit einem …

[X] Lebewesen.

Hinweis: *Wörtlich steht dort, das T-Shirt müsste wie „ein alter Freund" sein (Z. 1).*

102

Jahrzehnt	Das Lebensgefühl ist geprägt von …
50er-Jahre	Revolte
60er-Jahre	Emanzipation
70er-Jahre	Markenfixierung
80er-Jahre	Bequemlichkeit

Hinweis: *Du kannst die richtigen Antworten aus dem Text ableiten.*
zu a) *Z. 44: „Symbol einer widerständigen Jugend"*
zu b) *Z. 55–58: „Frauen [durften] aus der Enge von Korsetts und geknöpften Blusen … fliehen", „Accessoire für starke, unabhängige Frauen"*
zu c) *Z. 78–80: „Markennamen und Logos der Hersteller … großflächig auf der Vorderseite unterzubringen"*
zu d) *Z. 5f.: „bequem"*

103 Jährlich werden weltweit zwei Milliarden T-Shirts verkauft.

Hinweis: *Du findest die Antwort im Text Z. 84.*

104 Ein T-Shirt kostet in der Herstellung 20 Cent.

Hinweis: *Du findest die Antwort im Text Z. 84.*

105 a) Das T-Shirt nimmt wenig Raum im Handgepäck ein.
b) Das T-Shirt ist auch als Handtuch nutzbar.

Hinweis: *Du findest die richtigen Antworten im Text Z. 40f. Weitere mögliche Antworten wären: luftig, als weiße Fahne nutzbar.*

106 Durch Abbildungen oder Text auf einem T-Shirt zeigt man, was man denkt.

Hinweis: *Du findest die Antwort im Text Z. 75.*

107 Man hat an das ärmellose Unterhemd Ärmel angenäht, um Körperbehaarung und Tätowierungen zu überdecken.

Hinweis: Du findest die Antwort im Text Z. 19.

108 Die Erfindung der Wirkmaschine und der Cottonmaschine beförderten die massenhafte Fertigung von T-Shirts.

Hinweis: Du findest die Antwort im Text Z. 25–29.

109 a) Die Wolle wurde später durch Baumwolle ersetzt, da sich Wolle bei Kampfeinsätzen als schweißtreibend erwies.
b) Man stieg nach dem Ersten Weltkrieg auf Baumwolle um.

Hinweis: Du findest die Antworten im Text Z. 21–23.

110 Der Anteil gefälschter T-Shirts am Gesamtumsatz beträgt heute
☒ 7 %

Hinweis: Du findest die richtige Antwort in Zeile 82.

111 Das T-Shirt wurde erstmals von Coco Chanel in eine Kollektion aufgenommen.

Hinweis: Du findest die Antwort in Zeile 34 f.

112 Bei der Frühjahrspräsentation 2001 präsentierten die Italiener Dolce & Gabbana Models mit Madonna-T-Shirts.

Hinweis: Du findest die Antwort in Zeile 70 f.

113 Heute müsste man vermutlich einen BH übers T-Shirt ziehen und ein öffentliches Verkehrsmittel betreten.

Hinweis: Du findest die Antwort in Zeile 47–49.

114 ☒ 70er-Jahre

Hinweis: Du findest die Antwort in Zeile 52–54.

115 a) Das T-Shirt wurde erstmals im ausgehenden 19. Jahrhundert von
b) Matrosen getragen.

Hinweis: Du findest die richtige Antwort in Zeile 14 f. Achte bei Antwort (a) darauf, sowohl „ausgehend“ als auch „19. Jahrhundert“ zu nennen, sonst ist die Aufgabe unvollständig.

116 Damit ist gemeint, dass es …

☒ sowohl als Einzelstück als auch als Massenprodukt erhältlich ist.

***Hinweis:** „Exklusiv" ist ein Synonym für „ausschließlich" und bedeutet, dass etwas nur für bestimmte Personen erhältlich ist. „Von der Stange" bedeutet, dass es von einer Sache eine sehr hohe Stückzahl gibt, sodass jeder, der die Sache haben möchte, ein Stück „von der Kleiderstange" wegnehmen kann. Beide Bedeutungen müssen in der Antwort genannt werden und das trifft nur auf Antwort (c) zu.*

117 Zu den äußerst fragwürdigen Arbeitsbedingungen zählt der sehr geringe Lohn, den die Arbeiter für die Herstellung der T-Shirts bekommen, gemessen am Gewinn, den der Hersteller damit macht.

***Hinweis:** Mögliche Antworten wären auch die Herstellung der T-Shirts in Kinderarbeit oder allgemein die unwürdigen Arbeitsbedingungen.*

118 Die Autorin bezeichnet das großflächige Anbringen von Logos oder Markennamen als „geschmackliche Entgleisung", was außerdem als „Unsitte" bezeichnet wird.

***Hinweis:** Eine der beiden Antworten reicht.*

Sprachwissen und Sprachbewusstsein – Aufgaben zu Text 1

151	Weste	Unterhemd	Sporthemd

***Hinweis:** Es wird im Text nur von T-Shirts in der Funktion als Unterwäsche (vgl. Z. 18) und Sporthemd (vgl. Z. 32–34) gesprochen.*

152 a) „**w**öchentliches **W**äsche**w**echseln" (Z. 28)
= 3) Alliteration

b) „Das T-Shirt **berichtet** von unserem Lebensgefühl." (im Untertitel)
= 2) Personifikation

***Hinweis:** **zu a)** Wenn aufeinander folgende Wörter mit dem gleichen Anlaut beginnen (hier: w), dann nennt man das Alliteration.*
***zu b)** Wenn Gegenstände vermenschlicht werden (hier: das T-Shirt berichtet), so nennt man das Personifikation.*

153 mit „sicheren" Arbeitsplätzen

Hinweis: Lies dir den entsprechenden Satz (Zeile 86–88) im Ganzen durch. „Stabil" wird hier benutzt im Sinne von „nicht wegbrechend", also „sicher, beständig". Setz deine Lösung in den kompletten Satz ein, um sicherzustellen, dass die Aussage nicht verändert wird.

154 In einem einzigen T-Shirt liegen zehn Kilometer Faden in Maschen.

Hinweis: Nach dem Subjekt fragst du mit „Wer oder was?". Achte bei diesem Satz darauf, dass das Subjekt vollständig „zehn Kilometer Faden in Maschen" heißt. Das „in Maschen" kann bei einer Satzgliedumstellung nicht von „zehn Kilometer Faden" getrennt werden.

155 Die T-Shirts tragen keine Logos – eine Leinwand, weiß, schwarz, zur Gestaltung freigegeben.

Hinweis: Das Prädikat bildet mit dem Subjekt den Satzkern. Nach dem Prädikat fragst du: „Was machen die T-Shirts?"

156 z. B. Kampfeinsätzen, Weltkrieg, Baumwolle

Hinweis: Ein Kompositum ist ein Nomen, das aus mindestens zwei Wörtern besteht.

157 [X] Konjunktiv II

Hinweis: Der Konjunktiv II wird vom Präteritum abgeleitet: es war – es wäre, es musste – es müsste.

158

	HS/NS
Die technischen Voraussetzungen für den Siegeszug des Leibchens hatte der Engländer William Cotton in den 1860er-Jahren geschaffen,	HS
als er eine Wirkmaschine entwickelte,	NS
die das massenhafte Rundwirken möglich machte,	NS
was den gewebten Stoff langsam vom Markt drängte. (Z. 24–27)	NS

Hinweis: Um zwischen Haupt- und Nebensatz zu unterscheiden, musst du das Prädikat (finites Verb) bestimmen. Beim Hauptsatz steht das Prädikat an zweiter Stelle, beim Nebensatz an letzter Stelle.

159 Der Nebensatz ersetzt das Akkusativobjekt.

Hinweis: Es wird danach gefragt, welches Satzglied der Nebensatz ersetzt/ist. Denke darüber nach, welche Satzglieder du kennst (Subjekt, Prädikat, Objekte usw.) und wie man sie bestimmt. Nach dem Nebensatz fragst du: „Wen oder was spricht es aus?" Als Antwort erhältst du: „was man denkt" (= der Nebensatz). Durch die Frage „Wen oder Was?" erkennst du das Akkusativ-Objekt.

160 [X] kausaler Nebensatz

Hinweis: Um welche Art von Nebensatz es sich handelt, erkennst du an der Konjunktion. Mit der Konjunktion „weil" wird ein Nebensatz eingeleitet, der eine Ursache oder einen Grund nennt. Das nennt man „kausaler Nebensatz".

161 „Für Einzelstücke sind Kunden bereit, bis zu 800 € anzulegen."

Hinweis: „Investieren" bedeutet, für etwas (langfristig) Geld auszugeben.

162 Appositionen sind Zusätze, die sich auf ein Nomen beziehen und dieses erläutern.

Hinweis: Hier bezieht sich die Apposition auf das „Hemd" und trifft eine Aussage über dessen Form.

163

	Tempus
Dabei ist es bis heute geblieben. (Z. 11)	Perfekt
Weltweit werden jährlich mehr als zwei Milliarden T-Shirts verkauft. (Z. 83 f.)	Präsens
Wir nannten es Tie-Schört. (Z. 9 f.)	Präteritum

***Hinweis: zu a)** Infinitiv: bleiben*
***zu b)** Hier handelt es sich um Passiv Präsens (Es wird kein Subjekt/Täter benannt). Es ist kein „Futur/Zukunft". Du erkennst das Futur daran, dass „werden" mit einem Infinitiv verwendet wird: ich werde verkaufen, wir werden verkaufen.*
***zu c)** Infinitiv: nennen*

164 Fashion-Designer Helmut Lang sagt, es sei das einzige Kleidungsstück, das sich unseren Wünschen völlig unterwerfe.

Hinweis: Der Konjunktiv I bildet man mit dem Infinitiv ohne -n: unterwerfen – unterwerfe. Eine Ausnahme bildet das Hilfsverb sein: es ist – es sei.

2 Zugewandert – abgewandert *(Quelle: Statistisches Bundesamt)*

Lesekompetenz – Aufgaben zur Grafik „Zugewandert – abgewandert“

201 Die Grafik beschäftigt sich thematisch mit der Zahl der Zuzüge nach und der Fortzüge aus Deutschland.

✎ ***Hinweis:** Du findest die Antwort im Untertitel.*

202 ☒ Deutsche und Ausländer

✎ ***Hinweis:** Du findest die richtige Antwort in der Klammer des Untertitels.*

203 Die Grafik erfasst den Zeitraum von 1991 bis 2005. Das sind 14 Jahre.

✎ ***Hinweis:** In der Grafik, direkt unterhalb des Untertitels, werden die Jahreszahlen genannt.*

204 Das Jahr 2005 ist noch nicht vollständig erfasst.

✎ ***Hinweis:** Beim Jahr 2005 steht „vorläufig“.*

205 Die meisten Zuzüge nach Deutschland gab es 1992.

✎ ***Hinweis:** Die obere Kurve gibt Auskunft über die Zahl der Zuzüge. Die größte Steigung gab es 1992.*

206 Die meisten Fortzüge aus Deutschland gab es 1993.

✎ ***Hinweis:** Die untere Kurve gibt Auskunft über die Zahl der Fortzüge.*

207 ☒ 3-mal

✎ ***Hinweis:** Du ermittelst die Zahlen für die richtige Antwort in der unteren Kurve. Achte darauf, dass nicht alle Jahre gefragt sind, sondern erst die ab 2000. Es handelt sich um die Jahre 2002, 2003 und 2004.*

208 Im Jahr 1998 waren die Zuzüge nach Deutschland und die Fortzüge aus Deutschland zahlenmäßig fast ausgeglichen.

✎ ***Hinweis:** Du musst die Zahlen der beiden Kurven für jedes Jahr miteinander vergleichen. In dem Jahr, wo die Zahlen der oberen und unteren Kurve am nächsten beieinander liegen, sind die Zu- und Fortzüge fast ausgeglichen: 1998 gab es 802 460 Zuzüge und 755 360 Fortzüge.*

209 Das Statistische Bundesamt hat die Daten erhoben.

Hinweis: Du findest diese Angabe neben dem Begriff „Quelle“ (linke untere Ecke der Grafik).

210 Die Grafik wurde 2006 veröffentlicht.

Hinweis: Du findest die richtige Antwort unterhalb der Grafik. Dort steht, dass sie von Globus Infografik GmbH am 17. 07. 2006 erstellt wurde.

211 Seit 2004 ist die Tendenz zu beobachten, dass die Zahl der Zuzüge nach Deutschland und die Zahl der Fortzüge aus Deutschland sinken.

Hinweis: Sieh dir in den beiden Kurven den Abschnitt seit 2004 (also danach) an: Beide Kurven sinken. Also wird die Zahl der Zu- und Abwanderungen geringer. Ebenfalls richtig wäre die Antwort: Tendenz abnehmend.

3 Der Vorleser *(Bernhard Schlink)*

Lesekompetenz – Aufgaben zu Text 3 „Der Vorleser“

301 Michael ist 15 Jahre alt.

Hinweis: In der zweiten Zeile der kursiv gedruckten Vorinformationen wird Michael als 15-jährig vorgestellt.

302 Zuerst spricht ihn sein Vater an.

Hinweis: Du findest die richtige Antwort in Z. 3, direkt hinter der wörtlichen Rede: „Mein Vater klang …“.

303 Insgesamt sitzen 6 Personen am Abendbrottisch.

Hinweis: Im Verlauf des Textes werden sein Vater, seine Mutter, seine jüngere Schwester, seine ältere Schwester und sein älterer Bruder erwähnt. Auch Michael sitzt am Abendbrottisch: Das macht 6 Personen.

304

	Nummer
a) „Ich hatte kein Geld und musste von Nußloch nach Hause laufen.“	4
b) „Dann pass gut auf in Geographie. Es gibt Norden …“.	3
c) „Noch drei Wochen, hat der Arzt gesagt.“	2
d) „Wenn er über den Ehrenfriedhof nach Nußloch …“.	3

***Hinweis:* zu a)** *Zeile 4–6 indirekte Rede Michael, Z. 6 das Zitat*
zu b) *Zeile 13f. die abgebrochene wörtliche Rede, anschließend der Hinweis, dass die Mutter seinen Bruder unterbrochen hat (Z. 14)*
zu c) *Zitat Zeile 14f., davor (Z. 14) der Hinweis, dass hier die Mutter spricht*
zu d) *Zitat endet in Zeile 17, im Anschluss erzählt Michael von den verbalen Kämpfen mit seinem Bruder, auch die vorangehende wörtliche Rede wirkt wie ein verbaler Angriff: beleidigend.*

305 Die Familie sitzt am Abendbrottisch, als Michael verspätet hereinkommt. Er begründet seine Verspätung mit der Ausrede, sich verlaufen zu haben. Dabei berichtet er von einem Umweg, der unlogisch erscheint, denn die Ortschaften liegen in völlig verschiedenen Richtungen. Seine Schwester ahnt, dass er nicht die Wahrheit sagt.

Hinweis: *Du findest die Antwort im Abschnitt davor: Z. 9–11. Der Bruder wundert sich über die Streckenangabe von Michael. Direkt danach wird die Reaktion der Schwester beschrieben.*

306 Der ältere Bruder ist Michael beim Prügeln körperlich und beim Streiten mit Worten überlegen.

Hinweis: *Du findest die Antwort im Satz davor (Z. 17f.).*

307 Das bedeutet, der Vater …

[X] fühlt sich durch das Familienleben nicht ausgefüllt.

Hinweis: *Du findest die richtige Antwort durch das Ausschlussverfahren: Wenn der Vater seine Familie ablehnen oder an einem anderen Ort wohnen und leben würde, säße er nicht mit seiner Familie am Abendbrottisch. Aus der Beschreibung der Familie als Haustiere (Z. 30–35) kannst du entnehmen, dass er die Familie (die Haustiere) versorgt: einkaufen, saubermachen usw.*

308 „Ich gehe morgen wieder zur Schule." Z. 12

Hinweis: *Du musst die Textstelle (wörtliche Rede) finden, wo er eine Entscheidung trifft. Unterstreiche alle wörtlichen Reden von Michael: Z. 6, Z. 12, Z. 54. Die erste Aussage ist eine Ausrede. Dabei wird nichts entschieden. In der zweiten Aussage wird eine Entscheidung durch ihn für sein Leben getroffen, die in der dritten Aussage wiederholt wird.*

309

	zutreffend	nicht zutreffend
a) Verachtung	☐	☒
b) Verständnis	☒	☐
c) Gleichgültigkeit	☐	☒
d) Trotz	☐	☒
e) Zuneigung	☒	☐

Hinweis: *Du findest die richtigen Antworten im Text ab Z. 38. Michael denkt liebevoll und etwas wehmütig über die Mitglieder seiner Familie nach. Dabei hat er eine positive Einstellung, deshalb treffen die Eigenschaften in b und e zu.*

310 Michael verspürt also „Heimweh", weil …

☒ er spürt, dass die Zeit des reinen „Kindseins" vorbei ist.

Hinweis: *Du findest die Antwort durch das Ausschlussverfahren. Die Antworten a und d werden im Text überhaupt nicht thematisiert. Jedoch wird in Z. 49 von Michael beschrieben, dass er sich wie bei einem Abschied fühle. Es geht aber nicht darum, dass er die Familie verlassen will (b). Sondern Michael wird deutlich, dass er sich aus seiner Kindheit verabschiedet hat (c).*

Sprachwissen und Sprachbewusstsein – Aufgaben zu Text 3 „Der Vorleser"

351 ☒ Er fühlt sich so.

Hinweis: *Du kannst die richtige Antwort ableiten: Mit den Formulierungen „Mir ist schlecht.", „Mir war übel." oder „Mir war heiß." werden gefühlte Zustände ausgedrückt. Die drei anderen Antworten müssten mit a) „Ich weiß, …", b) Ich hoffe, …" oder c) „Ich will, …" (oder synonymen Verben) beginnen.*

352

	Nummer
a) Warum kommst du so spät? (Z. 2)	3
b) Ich sagte, ich hätte mich verirrt. (Z. 4)	2
c) Warum sollten wir Kinder sein Leben sein? (Z. 44)	1

Hinweis: *Antwort (a) erkennst du zuerst am Satzzeichen. Es ist eine Frage des Vaters an den Sohn, auf die er eine Antwort erwartet. Antwort (b) er-*

kennst du an dem Einleitungssatz „Ich sagte, ...“. Antwort (c) erkennst du am Satzzeichen. Außerdem wird darauf keine Antwort erwartet.

353 erwachsen

Hinweis: *Lies den gesamten Satz (Z. 44 f.) durch. Nur das Wort „erwachsen“ kannst du gegen „groß“ austauschen, ohne den Sinn des Satzes zu verändern.*

354 Mein älterer Bruder ...

[X] sagte den Satz abfällig.

Hinweis: *Das „verächtliche Schnauben“ bezieht sich auf den nachfolgenden Satz. In diesem klingt seine Verachtung für den kleineren Bruder heraus. „Verächtlich“ bedeutet soviel wie „abfällig“.*

355 „Furchtbar lieb“ bedeutet hier so viel wie „sehr lieb“.

Hinweis: *Die Adjektive „furchtbar“ und „lieb“ widersprechen sich eigentlich. Durch die Verwendung von „furchtbar“ als Adverb wird die Intensität verstärkt.*

356 [X] Ellipse

Hinweis: *Ein elliptischer Satz ist ein unvollständiger Satz. Durch das Auslassen von Satzteilen soll ein besonders gefühlsbetonter Moment ausgedrückt werden.*

357

	Nummer
a) „... das jüngste von vier Geschwistern zu sein ...“ (Z. 39 f.)	3
b) „Meine ältere Schwester sah mich prüfend an.“ (Z. 11)	2

Hinweis: *Es handelt sich in der Aufgabe um die Steigerungsstufen der Adjektive. Du erkennst den Komparativ am Anhängsel -er(e): alt – ält<u>er</u> – am ältesten, den Superlativ am -st(e): jung – jünger – am jüng<u>st</u>en.*

4 Schreibkompetenz – Überarbeiten eines Schülertextes

481

Unterstreichung	Umformulierung
a) „Die Gruppenarbeitsatmosphäre (…) war cool und hat mir generell gut gefallen.“ (Zeile 1 f.)	Die Gruppenarbeitsatmosphäre (…) war hervorragend und hat mir generell gut gefallen.“
b) „… dass wir das als Gruppe gut hingekriegt haben.“ (Zeile 15 f.)	„dass wir das als Gruppe gut gelöst haben.“

Hinweis: *Die Wörter „cool“ und „hingekriegt“ sind umgangssprachliche Wendungen. Unterstreiche sie in der linken Spalte. Sie müssen gegen ein Wort aus der Standardsprache ausgetauscht werden. Falls dir das schwerfällt, stell dir vor, wie dein/e Deutschlehrer/in das ausdrücken würde.*

482

Streichung	Korrektur
a) „Am Anfang hatten fast alle aus unserer Gruppe denn Film gemeinsam gesehen …“ (Zeile 2 f.)	„Am Anfang hatten fast alle aus unserer Gruppe den Film gemeinsam gesehen …“
b) „Als es dann ans arbeiten ging, fanden die meisten schnell eine Aufgabe …“ (Zeile 7)	„Als es dann ans Arbeiten ging, fanden die meisten schnell eine Aufgabe …“
c) „Wir müssen beim nächsten mal die Arbeitsblätter gemeinsam durchgehen …“ (Zeile 14)	„Wir müssen beim nächsten Mal die Arbeitsblätter gemeinsam durchgehen …“

Hinweis: zu a) *Hier wird der Artikel „den“ falsch geschrieben. („Denn“ ist eine Konjunktion und leitet einen Teilsatz ein.)*
zu b) *Hier wird das Verb „arbeiten“ nominalisiert und deshalb großgeschrieben. Du erkennst es an der Präposition „ans“: = an + das Arbeiten.*
zu c) *Hier wird das Nomen „Mal“ falsch geschrieben. Du erkennst es am Artikel „das“.*

483 a) „Auch wenn es zeitweise so aussah, als ob wir es nicht mehr schaffen würden, verlief unsere Präsentation ja doch relativ problemlos.“ (Zeile 11–13)

b) „Besonders Anna war oft ein kleiner Störfaktor, da sie oft Kommentare abgegeben hat, die nicht immer passend waren.“ (Zeile 8–10)

Hinweise: zu a) *„Auch wenn es zeitweise so aussah, …“ = NS, eingeleitet durch Konjunktion „auch“, finites Verb an letzter Stelle*

„… als ob wir es nicht mehr schaffen würden, …“ = NS, eingeleitet durch Konjunktion „als“, finites Verb an letzter Stelle
„… verlief unsere Präsentation ja doch relativ problemlos.“ = HS, finites Verb an zweiter Stelle
zu b) *„Besonders Anna war oft ein kleiner Störfaktor, …“ = HS, finites Verb an zweiter Stelle „… da sie oft Kommentare abgegeben hat, …“ = NS, eingeleitet durch Konjunktion „da“, finites Verb an letzter Stelle*
„ … die nicht immer passend waren.“ = Relativsatz, eingeleitet durch Relativpronomen „die“

484

Streichung	Korrektur
Insgesamt hat mir die Arbeit an ein Filmprojekt gut gefallen, weil es Spaß gemacht hat und man etwas gelernt hat. (Z. 17 f.)	Insgesamt hat mir die Arbeit an einem Filmprojekt gut gefallen, weil es Spaß gemacht hat und man etwas gelernt hat.

Hinweis: *Du kannst fragen: Die Arbeit woran (oder an wem) hat dir gefallen? Antwort: Die Arbeit an einem Filmprojekt. An dem Fragewort „wem?“ erkennst du den Dativ.*

485

Ausgangssätze	Umformulierung
Am Anfang haben fast alle aus unserer Gruppe denn Film gemeinsam gesehen und darüber gesprochen. Am nächsten Tag haben wir Gruppen gebildet.	Anfangs hatten fast alle aus unserer Gruppe denn Film gemeinsam gesehen und darüber gesprochen.

Hinweis: *Ersetze das „Am Anfang“ aus dem ersten Satz durch eine synonyme Wendung. Achte darauf, dass der Sinn der Aussage nicht verändert wird. Richtig wären: Zu Beginn, Zuerst, Zunächst, u. a.*

5 Schreibkompetenz – Erstellen eines Schreibplans

Pro-Argumente und Belege

Nummer	+	Buchstabe
• 1		f
• 4		c
• 7		g
• 8		e

Hinweis: *Lies dir zuerst die These noch mal durch: Es wird behauptet, dass es sinnvoll (= gut) sei, wenn alle Schulabgänger verpflichtet sind, ein „Soziales Jahr" zu absolvieren. Lies dir nun alle Argumente durch. Kennzeichne die Argumente, die diese These unterstützen, als „Pro-Argumente". Aus der Aufgabenstellung kannst du erkennen, dass es genau vier Stück sind. Überprüfe, ob die restlichen vier Argumente das Gegenteil unterstützen, nämlich das es nicht sinnvoll ist, wenn jeder Schulabgänger ein „Soziales Jahr" absolviert. Ordne nun jedem Argument ein Beleg zu. Beginne mit den eindeutigen Zuordnungen:*

Kontra-Argumente und Belege

Nummer	+	Buchstabe
• 2		h
• 3		a
• 5		b
• 6		d

1 f: Verantwortung übernehmen – Betreuung ...,
2 h: Einschränkung persönlicher Entfaltungsmöglichkeiten – ... abgeschlossener Ausbildungsvertrag geht verloren,
3 a: Abbau von Arbeitsplätzen – billige Arbeitskräfte,
4 c: neue Kulturen – Ausland,
5 b: bereits ehrenamtlich ... – schon seit drei Jahren ...,
6 d: begrenztes Angebot an Stellen ... – ... übersteigt die Zahl der angebotenen Plätze ...,
7 g: ... Berufsfeld erkunden – Entscheidungshilfe bei der Berufswahl,
8 e: ... Fähigkeiten ... in allen Berufen – mit anderen kommunizieren und im Team arbeiten können.

6 Schreibkompetenz – Verfassen eines formalen Briefes

Brief	Randbemerkung
Maxi Musterschüler Schulstraße 1 11111 Berlin — Berlin, den 20. Mai 2009	Absenderadresse und Datum
An Berlin Aktuell Scheibenstr. 65 19888 Berlin	Empfängeradresse
Leserbrief zum Thema: Aufregende Abende, kurzfristige Verabredungen – Das Handy verändert das Verhalten Jugendlicher	Bezug zum Zeitschriftentext/Thema
Sehr geehrte Damen und Herren,	Anrede
in Ihrer letzten Ausgabe las ich Ihren interessanten Artikel zum Thema Verhaltensveränderung bei Jugendlichen durch das Handy.	Sachlage
Auch mein Leben hat sich durch das Handy verändert.	persönlicher Bezug
Deshalb frage ich mich, ob es gut ist, dass Jugendliche sich anders verabreden oder die Abende anders gestalten durch das Nutzen von Handys.	Erörterungsfrage
Zum einen haben sich Kulturveranstaltungen in den letzten Jahren verändert. Einige Konzerte oder Raves werden sehr	Pro-Argument 1
kurzfristig organisiert. Durch eine SMS kann ich mich spontan mit meinen Freunden verabreden.	Bezug 1
Zum anderen langweile ich mich mit meinem Handy seltener als früher.	Pro-Argument 2
Mit den meisten Handys kann man heutzutage fotografieren oder kleine Filme drehen. So kann ich Schnappschüsse von lustigen Situationen machen oder Sehenswürdigkeiten und Freunde fotografieren.	Bezug 2
Zugegeben, manchmal nerven mich Handys auch.	Wendepunkt
Wenn ich mich mit einem Freund treffe, um über etwas Persönliches zu sprechen,	Gegenargument 1
und das Handy klingelt, ist es manchmal sehr ärgerlich. Das Gespräch wird unterbrochen, dabei habe ich schon manchmal den letzten Gedanken oder auch das Vertrauen verloren.	Bezug 1
Außerdem stört viele Jugendliche, dass sie ständig von ihren Eltern kontrolliert werden können.	Gegenargument 2
Auch wenn es in unserer Familie klare Absprachen gibt, ruft meine Mutter mich manchmal an und fragt, wo ich bin und wann ich endlich	Beleg 2

nach Hause komme. Das ist mir vor Gleichaltrigen oft peinlich.

Doch insgesamt unterstütze ich die Veränderungen, die durch den möglichen ständigen Einsatz von Handys eingetreten sind. Denn besonders in Gefahrensituationen oder um Hilfe zu holen ist das Handy für Jugendliche überwiegend nützlich.

Ergebnis

Pro-Argument 3

Mit freundlichen Grüßen

Grußformel

Ihr treuer Leser

Maxi Musterschüler

Unterschrift

Hinweis: *Du sollst einen Brief schreiben, der eine Stellungnahme verlangt. Also musst du die formalen Kriterien für einen Leserbrief (Briefkopf, Anrede, Verabschiedung, Ich-Form) und für eine Stellungnahme (Erörterungsfrage, Argumente, Gegenargumente, jeweilige Belege, Ergebnis) kombinieren.*
Die These lautet: Das Handy hat das Verhalten von Jugendlichen verändert. Entscheide dich, ob es gut oder schlecht ist, dass das Handy das Verhalten Jugendlicher verändert (= Entscheidungsfrage). Stimmst du der Frage zu, sind die Argumente der Aufgabenstellung die Pro-Argumente. Die Belege kannst du entwickeln, wenn du dir vorstellst, wie es ist, wenn dein Handy nicht funktioniert. Du findest zwei Gegenargumente, wenn du dir überlegst, was dich an dem ständigen Handyklingeln in unserer Umgebung manchmal nervt. Zum Abschluss solltest du deinen Standpunkt noch einmal untermauern.
Vergiss nicht, den Leserbrief zu unterschreiben.

Mittlerer Schulabschluss Berlin
Deutsch 2010

1 Der wahre Entdecker Amerikas

Alexander von Humboldt – Er forschte im Regenwald am Amazonas, in deutschen Bergwerken und in den eisigen Gebirgen Sibiriens.

Kerstin Viering

1 Schon zu Lebzeiten war Alexander von Humboldt eine Legende. Charles Darwin, der Vater der Evolutionstheorie, nannte ihn den größten reisenden Wissenschaftler, der jemals gelebt hat. Und auch andere Zeitgenossen überboten einander mit Lobeshymnen auf den Forscher.

5 Dabei hatte zunächst nichts darauf hingedeutet, dass es der jüngere Sohn des preußischen Offiziers Alexander Georg von Humboldt und seiner Frau Marie Elisabeth zum Helden der Wissenschaft bringen würde. Im Berliner Schloss Tegel, dem Wohnsitz der Familie, hatten die größeren Hoffnungen immer auf seinem zwei Jahre älteren Bruder Wilhelm geruht. Der am 14. September 1769 geborene 10 Alexander galt als weniger talentiert. Entsprechend wurde Wilhelm 1787 zum prestigeträchtigen Jurastudium nach Frankfurt an der Oder geschickt, während sich Alexander an derselben Universität für den weniger angesehenen Studiengang namens Kameralistik einschrieb. Dort erwarb man die Voraussetzungen für einen Verwaltungsposten im Staatsdienst.

15 Alexander merkte schnell, dass er nicht am richtigen Platz war. 1789 wechselte er an die Universität Göttingen, um Chemie und Physik zu studieren. Die Idee, ferne Landstriche zu erkunden, faszinierte ihn schon damals. Entsprechend begeistert war er, als er den Naturforscher Georg Forster kennen lernte, der mit James Cook um die Welt gesegelt war. Mit Forster unternahm Humboldt seine 20 erste Forschungsreise nach England. Auf dem Rückweg kamen sie durch das von der Revolution 1789 bewegte Paris, dessen Atmosphäre Humboldt tief beeindruckte.

Eine Art eigene Revolution zettelte Humboldt an, als ihm 1792 nach einem Schnellstudium an der Bergakademie im sächsischen Freiberg von der preußi-25 schen Regierung die Verantwortung für den Bergbau im Frankenwald und im Fichtelgebirge übertragen wurde. Dort verbesserte er Abbauverfahren, machte marode[1] Bergwerke profitabel und erfand eine Gasmaske, mit der sich Bergarbeiter gegen giftige Grubengase schützen konnten.

Als seine Mutter im Jahr 1796 starb, hängte Humboldt seine vielversprechen-30 de Karriere im Staatsdienst sofort an den Nagel. Sein ansehnliches Erbe wollte er nun in eine Reise nach Westindien investieren – jenen damals aufregend unbekannten Landstrich, zu dem große Teile Mittel- und Südamerikas gerechnet wurden. So schrieb er in einem Brief an einen Kollegen: „Ich präpariere mich noch einige Jahre und sammele Instrumente, ein bis anderthalb Jahre bleibe ich in Italien, um mich mit Vulkanen genau bekannt zu machen, dann geht es über Paris nach England … und dann mit englischen Schiffen nach Westindien."

Napoleons Feldzüge und allerlei politische Verwicklungen verzögerten die Umsetzung seiner Reisepläne. Erst am 5. Juni 1799 stachen Humboldt und der französische Botaniker Aimé Bonpland in der spanischen Hafenstadt La Coruña an Bord der Pizarro in See. Obwohl in der Mannschaft Typhus ausbrach und die Seekarten ungenau waren, erreichte das Schiff ohne große Verzögerung am 16. Juli 1799 die Küste des heutigen Venezuela. Alexander schrieb an seinen Bruder Wilhelm Humboldt: „Wie die Narren laufen wir bis jetzt umher; in den ersten drei Tagen können wir nichts bestimmen, da man immer einen Gegenstand wegwirft, um einen anderen zu ergreifen."

Die beiden Forscher reisten weiter nach Caracas und erkundeten in einem Einbaum die Flüsse Apure, Orinoco, Rio Atabapo und Rio Negro. In 75 Tagen legten sie 2 250 Kilometer zurück und fanden dabei heraus, dass die gewaltigen Flusssysteme des Orinoco und des Amazonas über den Rio Casiquiare miteinander verbunden sind – eine Tatsache, die Geografen bis dahin für unmöglich gehalten hatten.

Bequem war die Reise nicht. Die Forscher hockten beengt zwischen Messgeräten und Käfigen voller gefangener Vögel und Affen, während sich Moskitoschwärme auf sie stürzten. Die Verpflegung bestand vor allem aus Reis, Ameisen, Maniokwurzeln und Flusswasser – und ab und zu einem Affen. Doch die Strapazen machten Humboldt nichts aus: „Die Tropenwelt ist mein Element, und ich bin nie so ununterbrochen gesund gewesen als in den letzten zwei Jahren."

Weitere Expeditionen führten die Forscher nach Kuba und durch die heutigen Staaten Kolumbien, Ecuador und Peru. Zwar kamen sie 1802 nicht bis zum Gipfel des 6 310 Meter hohen Vulkans Chimborasso in Ecuador, der damals als höchster Berg der Erde galt. Die Höhenkrankheit zwang die Forscher zur Umkehr. Doch bei dem Versuch stellten sie einen Höhenweltrekord auf, der erst 30 Jahre später gebrochen wurde.

Über Mexiko und die USA segelten die beiden Forscher schließlich 1804 nach Europa zurück – im Gepäck hatten sie eine reiche Ausbeute von Notizen und Messwerten von geologischen Besonderheiten sowie bis dahin unbekannten Pflanzen und Tieren. Die folgenden Jahre verbrachte Humboldt größtenteils in Paris, wo er die Reise auswertete und umfangreiche Bücher darüber schrieb. 1827 kehrte er nach Berlin zurück.

1829 machte Humboldt noch eine weitere große Forschungsreise nach Sibirien. Seinen wissenschaftlichen Ruhm und seine Popularität hat Humboldt seiner Amerikareise zu verdanken. Dort wurden eine Meeresströmung, mehrere Berge und Flüsse sowie etliche Tiere und Pflanzen nach ihm benannt. „Alexander von

Humboldt hat Amerika mehr Wohltaten erwiesen als alle seine Eroberer", urteilte
75 der südamerikanische Unabhängigkeitskämpfer Simón Bolívar. „Er ist der wahre Entdecker Amerikas."

Quelle: Berliner Zeitung, 6. 5. 2009.

1 marode = heruntergekommene

Lesekompetenz – Aufgaben zu Text 1
„Der wahre Entdecker Amerikas" Punkte

101 Füllen Sie die noch fehlenden Angaben zu Alexander von Humboldt in folgendem Formular aus. 4

Alexander von Humboldt	
a) Geburtsdatum	
b) Vater	
c) Mutter	
d) Geschwister	
e) Wohnsitz der Familie	
f) Studium I	
g) Studium II	
h) Studium III	

102 Die Hoffnungen der Eltern ruhten auf dem zwei Jahre älteren Bruder Wilhelm. Notieren Sie den dafür angeführten Grund aus dem Text. 1

____

103 Ordnen Sie den Jahreszahlen eine im Text genannte Station aus Humboldts Lebenslauf zu.

Jahreszahl	Station im Lebenslauf Humboldts	Punkte
a) 1789		1
b) 1799		1
c) 1827		1

104 Kreuzen Sie an, welche Ländergruppe Humboldt laut Text zu Forschungszwecken bereiste. 2

a) Länder-gruppe 1 ☐	b) Länder-gruppe 2 ☐	c) Länder-gruppe 3 ☐	d) Länder-gruppe 4 ☐
China Griechenland Kuba	China Südamerika Sibirien	Sibirien Kuba Südamerika	England Italien Griechenland

105 Welche Gebiete ordnete man zu Zeiten Humboldts laut Text „Westindien" zu? 1

- ☐ den gesamten amerikanischen Kontinent
- ☐ große Teile Mittel- und Südamerikas
- ☐ alle Länder, die Humboldt bereiste
- ☐ große Teile Indiens

106 Wie konnte Humboldt seine Westindien-Reise finanzieren? 1

____

107 Humboldt brauchte 75 Tage, um das heutige Venezuela zu erreichen. Notieren Sie aus ihrem Alltagswissen einen möglichen Grund, warum die Reise so lange gedauert hat. 1

____

108 Humboldt unternahm viele Reisen in fremde Länder mit dem Ziel, … 3

		richtig	falsch
a)	die dort lebenden Völker zu unterwerfen.	☐	☐
b)	die Pflanzen- und Tierwelt zu erkunden.	☐	☐
c)	das Land zu vermessen und geografische Daten zu erhalten.	☐	☐
d)	neue Rohstoffquellen in Besitz zu nehmen.	☐	☐
e)	Handelsbeziehungen aufzubauen.	☐	☐

109 Im Titel heißt es, Alexander von Humboldt sei der „wahre Entdecker Amerikas“, obwohl er Amerika nicht selbst entdeckt hat. Erläutern Sie, was hier damit gemeint ist. 2

____

____

110 Alexander von Humboldt selbst war offenbar verwundert, dass er in den Tropen viel gesünder war als zu Hause. Dennoch werden im Text mögliche Gefahrenquellen angedeutet. Notieren Sie zwei.

- ______________________________________ 1
- ______________________________________ 1

111 Alexander von Humboldt war ein vielseitiger Wissenschaftler und Forscher. Notieren Sie die im Text genannte Erfindung von ihm. 1

____

112 Im Text heißt es in einem Zitat Bolívars: „Alexander von Humboldt hat Amerika mehr Wohltaten erwiesen als alle seine Eroberer.“ (Zeile 73–74). Erläutern Sie, warum Bolívar Humboldt nicht als Eroberer, sondern als Wohltäter beschrieben hat. 2

____

Lesekompetenz gesamt **23**

Sprachwissen und Sprachbewusstsein – Aufgaben zu Text 1 Punkte

151 In Zeile 1–3 findet sich folgendes Satzgefüge: „Charles Darwin, der Vater der Evolutionstheorie, nannte ihn den größten reisenden Wissenschaftler, der jemals gelebt hat.“ Notieren Sie nur den Hauptsatz. 1

____

152 In Zeile 9–10 heißt es: „Der am 14. September geborene Alexander galt als weniger talentiert.“ Notieren Sie für das Wort „talentiert“ ein passendes Synonym aus Ihrem Alltagswissen. 1

____

153 Notieren Sie das vollständige Subjekt des folgenden Satzes: „Erst am 5. Juni 1799 stachen Humboldt und der französische Botaniker Aimé Bonpland in der spanischen Hafenstadt La Coruña an Bord der Pizzaro in See.“ (Zeile 38–40) 1

____

154 Die im Text zu findende Redewendung „Etwas an den Nagel hängen“ (Zeile 29–30) wird meist eher umgangssprachlich benutzt. Ersetzen Sie diese durch eine passende Formulierung aus der Standardsprache. 1

____

155 Bestimmen Sie das Tempus der unterstrichenen Prädikate in den folgenden Sätzen.

	Tempus	
a) Und auch andere Zeitgenossen überboten einander mit Lobeshymnen auf den Forscher. (Zeile 3–4)		1
b) Im Berliner Schloss Tegel [...] hatten die größeren Hoffnungen immer auf seinem zwei Jahre älteren Bruder Wilhelm geruht. (Zeile 7–9)		1
c) Alexander von Humboldt hat Amerika mehr Wohltaten erwiesen als seine Eroberer [...] (Zeile 73–74)		1

156 Im folgenden Satzgefüge steht ein Prädikat im Plusquamperfekt, während alle anderen im Präteritum stehen:
„Entsprechend begeistert war er, als er den Naturforscher Georg Forster kennen lernte, der mit James Cook um die Welt gesegelt war.“ (Zeile 17–19)

Erläutern Sie, warum an dieser Stelle das Plusquamperfekt gewählt wurde. 1

____

157 Die Autorin verwendet verschiedene Stilmittel. Ordnen Sie dem Zitat die richtige Ziffer zu.

1) Vergleich
2) Personifikation
3) Symbol
4) Metapher

„Wie die Narren laufen wir jetzt umher; …“ (Zeile 43–45)

Nummer

1

158 Bestimmen Sie, um welche Art von Nebensatz es sich bei dem folgenden handelt: „… während sich Moskitoschwärme auf sie stürzten.“ (Zeile 53–54). 1

- ☐ finaler Nebensatz
- ☐ kausaler Nebensatz
- ☐ temporaler Nebensatz
- ☐ konditionaler Nebensatz

159 Bestimmen Sie die Satzglieder des folgenden Satzes. 3

a) Mit Forster	
b) unternahm	
c) Humboldt	
d) seine erste Forschungsreise	
e) nach England.	

160 Setzen Sie das Zitat von Simón Bolívar mithilfe des Konjunktiv I in indirekte Rede: „Alexander von Humboldt hat Amerika mehr Wohltaten erwiesen als alle seine Eroberer.“ (Zeile 73–74) 1

Simón Bolívar urteilte,

____

____

161 Im Text gibt es zahlreiche Komposita wie „Landstriche“ (Zeile 17). Notieren Sie ein weiteres, bestehend aus zwei Substantiven, aus den Zeilen 18–20. 1

---

162 In Zeile 2–3 heißt es: „… den größten reisenden Wissenschaftler, …“. Erklären Sie mit einer Regel, warum hier kein Komma zwischen den Adjektiven stehen darf. 1

---

163 Aus heutiger Sicht läge in dem Satz „Die Tropenwelt ist mein Element, und ich bin nie so ununterbrochen gesund gewesen als in den letzten zwei Jahren“ (Zeile 56–57) ein Grammatikfehler vor. Korrigieren Sie nur die ‚fehlerhafte‘ Stelle. 1

Sprachwissen und Sprachbewusstsein gesamt 17

2 Die Vermessung der Welt

Daniel Kehlmann

Der im Jahr 2005 erschienene Roman „Die Vermessung der Welt" ist ein raffiniertes Spiel mit Fakten und Erfundenem, ein Abenteuerroman von seltener Fantasie und Kraft. In diesem Romanauszug beschreibt der Autor Daniel Kehlmann, wie Alexander von Humboldt gegen Ende des 18. Jahrhunderts eine Weltreise unternimmt.

1 Nach einem halben Jahr in Neuandalusien hatte Humboldt alles untersucht, was nicht Füße und Angst genug hatte, ihm davonzulaufen. Er hatte die Farbe des Himmels, die Temperatur der Blitze und die Schwere des nächtlichen Raureifs gemessen, er hatte Vogelkot gekostet, die Erschütterungen der Erde erforscht und 5 war in die Höhle der Toten gestiegen.

Mit Bonpland bewohnte er ein weißes Holzhaus am Rand der erst kürzlich von einem Beben beschädigten Stadt. Noch immer rissen Stöße die Menschen nachts aus dem Schlaf, noch immer hörte man, wenn man sich hinlegte und den Atem anhielt, die Bewegungen tief drunten. Humboldt grub Löcher, ließ Ther- 10 mometer an langen Fäden in Brunnen hinab und legte Erbsen auf Trommelfelle. Das Beben werde gewiss wiederkommen, sagte er fröhlich. Die ganze Stadt liege bald in Trümmern.

Abends aßen sie beim Gouverneur, danach wurde gebadet. Stühle wurden ins Flusswasser gestellt, in leichter Kleidung setzte man sich in die Strömung. 15 Hin und wieder schwammen kleine Krokodile vorbei. Einmal biss ein Fisch dem Neffen des Vizekönigs drei Zehen ab. Der Mann, er hieß Don Oriendo Casaules und hatte einen gewaltigen Schnurrbart, zuckte und starrte ein paar Sekunden reglos vor sich hin, bevor er mehr ungläubig als erschrocken seinen unvollständigen Fuß aus dem rot verdunkelten Wasser zog. Er sah mit suchendem Ausdruck 20 um sich, dann sank er zur Seite und wurde von Humboldt aufgefangen. Mit dem nächsten Schiff kehrte er zurück nach Spanien. […]

Nicht weit von ihrem Haus wurden Menschen versteigert. Muskulöse Männer und Frauen, Ketten um die Fußgelenke, sahen mit leeren Blicken die Landbesitzer an, welche in ihren Mündern stocherten, ihnen in die Ohren sahen […]. 25 Sie befühlten ihre Fußsohlen, zogen an ihren Nasen, prüften ihre Haare […]. Meist gingen sie danach, ohne zu kaufen, es war ein schrumpfender Wirtschaftszweig. Humboldt erstand drei Männer und ließ ihnen die Ketten abnehmen. Sie begriffen nicht. Sie seien jetzt frei, ließ Humboldt dolmetschen, sie könnten gehen. Sie stierten ihn an. Frei! Einer fragte, wohin sie sollten. Wohin ihr wollt, ant- 30 wortete Humboldt. Er gab ihnen Geld. Zögernd untersuchten sie die Münzen mit ihren Zähnen. Einer setzte sich auf den Boden, schloss die Augen und rührte sich nicht mehr, als gäbe es nichts auf der Welt, das ihn interessieren könnte. Hum-

boldt und Bonpland entfernten sich unter den spöttischen Blicken der Umstehenden. Ein paar Mal drehten sie sich um, aber keiner der Freigelassenen sah ihnen
35 nach. Am Abend begann es zu regnen, in der Nacht erschütterte ein neues Beben die Stadt. Am nächsten Morgen waren die drei verschwunden. Niemand wusste, wohin, und sie tauchten nie mehr auf. Bei der nächsten Versteigerung blieben Humboldt und Bonpland zu Hause, arbeiteten bei geschlossenen Läden und gingen erst hinaus, als alles vorbei war.

40 Die Reise zur Chaymas-Mission[1] führte durch dichten Wald. Bei jedem Schritt sahen sie unbekannte Pflanzen. Der Boden schien nicht genug Platz zu haben für so viel Bewuchs: Baumstämme pressten sich aneinander, Pflanzen überdeckten andere Pflanzen, Lianen strichen über ihre Schultern und Köpfe. Die Mönche der Mission begrüßten sie freundlich, obgleich sie nicht verstanden, was
45 die beiden von ihnen wollten. Der Abt schüttelte den Kopf. Dahinter stecke doch anderes! Niemand reise um die halbe Welt, um Land zu vermessen, das ihm nicht gehöre. […]

Unweit der Mission, in der Höhle der Nachtvögel, lebten die Toten. Der alten Legenden wegen weigerten sich die Eingeborenen, sie dorthin zu begleiten. Erst
50 nach langem Zureden kamen zwei Mönche und ein Indianer mit. Es war eine der größten Höhlen des Kontinents, ein sechzig mal neunzig Fuß großes Loch, durch das so viel Licht einfiel, dass man noch im Berginneren hundertfünfzig Fuß weit auf Gras und unter Baumwipfeln ging. Dann erst mussten sie Fackeln anzünden. Hier begann auch das Geschrei.

55 In der Dunkelheit lebten Vögel. Tausende Nester hingen wie Beutel an der Höhlendecke, der Lärm war ohrenbetäubend. Wie sie sich orientierten, wusste niemand. Bonpland gab drei Schüsse ab, deren Hall vom Schreien übertönt wurde, und schon sammelte er zwei noch zuckende Körper ein. Humboldt schlug Gesteinsproben aus dem Fels, maß Temperatur, Luftdruck und Feuchtigkeit und
60 kratzte Moos von der Wand. Ein Mönch schrie auf, als er mit seiner Sandale eine riesige Nacktschnecke zerquetschte. Sie mussten durch einen Bach waten, die Vögel flatterten um ihre Köpfe, Humboldt presste die Hände auf seine Ohren, die Mönche schlugen das Kreuz.

Hier, sagte der Führer, beginne das Totenreich. Er gehe nicht weiter.

65 Humboldt bot eine Verdoppelung des Lohnes an.

Der Führer lehnte ab. Dieser Platz sei nicht gut! Und überhaupt, was habe man hier zu suchen, der Mensch gehöre ans Licht.

Schön gesagt, brüllte Bonpland.

Licht, rief Humboldt, das sei nicht Helligkeit, sondern Wissen!

70 […]

Aus: Daniel Kehlmann, Die Vermessung der Welt. Rowohlt 2006, S. 69–73 (in Auszügen).

1 Chaymas-Mission = Unterkunft der Mönche, die die Chaymas-Indianer zum christlichen Glauben bekehren wollten.

Lesekompetenz – Aufgaben zu Text 2 „Die Vermessung der Welt“ Punkte

201 Was untersucht Humboldt in Neuandalusien? Notieren Sie ein konkretes Beispiel aus dem Text. 1

____

202 Der Autor beschreibt, Humboldt habe alles untersucht, „was nicht Füße und Angst genug hatte, ihm davonzulaufen.“ (Zeile 1–2). Damit soll Humboldt als ein Forscher dargestellt werden, der … 1

- ☐ Forschungsgegenstände, die still halten, bevorzugt.
- ☐ vor allem betäubte oder festgebundene Lebewesen erforscht.
- ☐ ausschließlich Pflanzen und Gesteine untersucht.
- ☐ an allen Dingen, die er vorfindet, ein Forschungsinteresse entwickelt.

203 Nachfolgend werden verschiedene Aussagen zum gesamten Text getroffen. Kreuzen Sie jeweils an. 3

	richtig	falsch
a) Die freigelassenen Sklaven folgen Humboldt wortlos.	☐	☐
b) Humboldt erwartet wissbegierig ein neues Erdbeben.	☐	☐
c) Humboldt ist sehr erschrocken über den Unfall im Fluss.	☐	☐
d) Humboldt sprengt Tunnel in den Fels.	☐	☐
e) In der Mission werden Humboldt und seine Gefährten freundlich begrüßt.	☐	☐

204 Welche Beweggründe könnten Humboldt veranlasst haben, drei Sklaven freizukaufen? 2

____

205 Kreuzen Sie an, welche Aussagen auf das Verhalten der von Humboldt freigekauften Sklaven zutreffen bzw. nicht zutreffen.
Die Sklaven … 3

		richtig	falsch
a)	wollen Geld von Humboldt haben.	☐	☐
b)	sind dankbar und erleichtert.	☐	☐
c)	wissen nicht, wohin sie gehen sollen.	☐	☐
d)	wollen bei Humboldt bleiben.	☐	☐
e)	sind überrascht und misstrauisch.	☐	☐

206 In Zeile 45–46 heißt es: „Der Abt schüttelte den Kopf. Dahinter stecke doch anderes! Niemand reise um die halbe Welt, um Land zu vermessen, das ihm nicht gehöre." Damit will er ausdrücken, dass er Humboldts … 3

		richtig	falsch
a)	Plänen mit Unverständnis begegnet.	☐	☐
b)	Plänen misstraut.	☐	☐
c)	Pläne für undurchführbar hält.	☐	☐
d)	Pläne sabotieren will.	☐	☐

207 In Zeile 54 heißt es: „Hier begann auch das Geschrei."
Notieren Sie, wer schreit. 1

____

208 Warum will Humboldts Führer nicht weitergehen (Zeile 64)? 1

____

209 Welche der folgenden Redewendungen verdeutlichen den von Humboldt angesprochenen Vergleich von „Licht" und „Wissen" (Zeile 69)? Kreuzen Sie an. 3

		richtig	falsch
a)	Wo viel Licht ist, ist auch viel Schatten.	☐	☐
b)	Jemanden hinters Licht führen.	☐	☐

c) Licht ins Dunkel bringen.	☐	☐
d) Jemandem grünes Licht geben.	☐	☐
e) Jemandem geht ein Licht auf.	☐	☐

210 In Zeile 40 ist von einer Reise Humboldts zu einer Mission die Rede. Kreuzen Sie an, wer in dieser Mission lebt. 1

- ☐ Regierungsbeamte
- ☐ Sklaven
- ☐ Mönche
- ☐ Nonnen

211 Wie weit können Humboldt und seine Begleiter in die Höhle laufen, ohne Fackeln anzuzünden? 1

____

212 Unterstreichen Sie zwei Adjektive, die Humboldt nicht zutreffend charakterisieren. 2

unerschrocken interessiert besessen gleichgültig ideenreich überfordert

213 Im Text heißt es in Zeile 11 bezogen auf Humboldt: „Das Beben werde gewiss wiederkommen, sagte er fröhlich." Des Weiteren wird in Zeile 26–27 über den Sklavenhandel gesagt: „... es war ein schrumpfender Wirtschaftszweig." Kreuzen Sie an, welche Haltung des Erzählers gegenüber dem Erzählten hier deutlich wird. 1

	richtig	falsch
a) sachlich berichtend	☐	☐
b) ironisch distanziert	☐	☐
c) stark beschönigend	☐	☐
d) emotional betroffen	☐	☐

Lesekompetenz gesamt **23**

Sprachwissen und Sprachbewusstsein – Aufgaben zu Text 2

Punkte

251 Bestimmen Sie Haupt- und Nebensatz in folgendem Satzgefüge.

		Punkte
a) Bonpland gab drei Schüsse ab,		1
b) deren Hall vom Schreien übertönt wurde,		1
c) und schon sammelte er zwei noch zuckende Körper ein.		1

252 Setzen Sie nur das Prädikat des folgenden Satzes „Mit dem nächsten Schiff kehrte er zurück nach Spanien." in folgende Zeitformen.

		Punkte
a) Futur I	er	1
b) Plusquamperfekt	er	1
c) Präsens	er	1

253 Es gibt im Deutschen drei Modi: Indikativ, Imperativ und Konjunktiv. Notieren Sie, in welchem Modus der folgende Satz steht: „Dahinter stecke doch anderes!" (Zeile 45–46). 1

____

254 In Zeile 29 heißt es: „Sie stierten ihn an." Welches der folgenden Synonyme kann das Verb „stieren" hier passend ersetzen? 1

- ☐ blinzeln
- ☐ sehen
- ☐ starren
- ☐ blicken

255 Notieren Sie die Wortarten der Wörter des folgenden Satzes. 3

a) Humboldt	
b) presste	
c) die	
d) Hände	
e) auf	
f) seine	
g) Ohren.	

256 Notieren Sie einen Grund dafür, warum Teile des Textes im Konjunktiv verfasst wurden. 2

Sprachwissen und Sprachbewusstsein gesamt **13**

3 Wie die Deutschen reisen

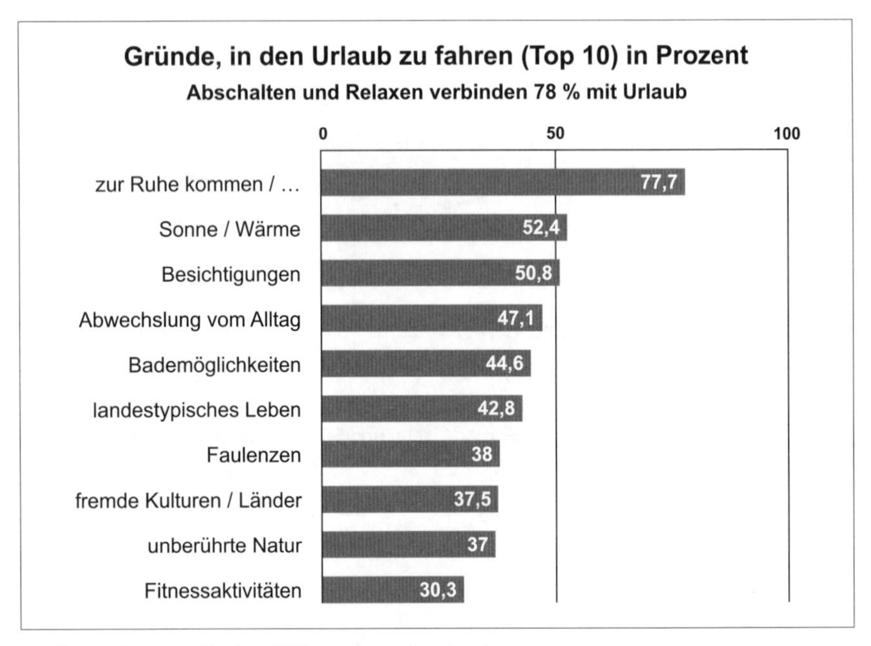

Quelle: ADAC Reise Monitor 2009 – www.media.adac.de

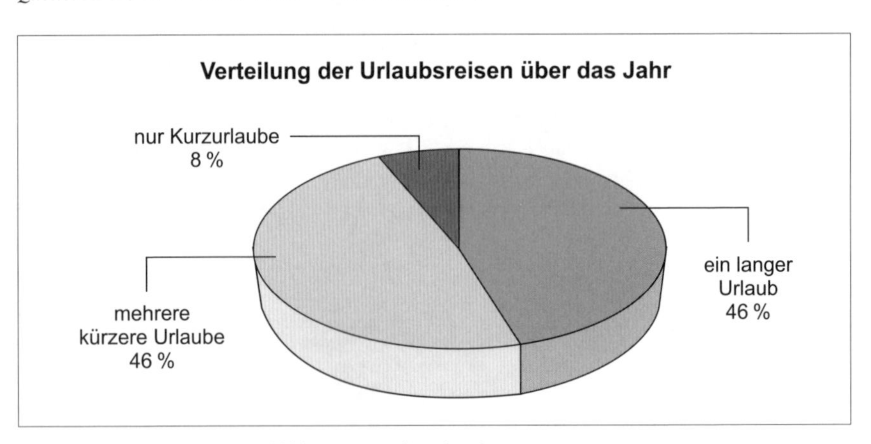

Quelle: ADAC Reise Monitor 2009 – www.media.adac.de

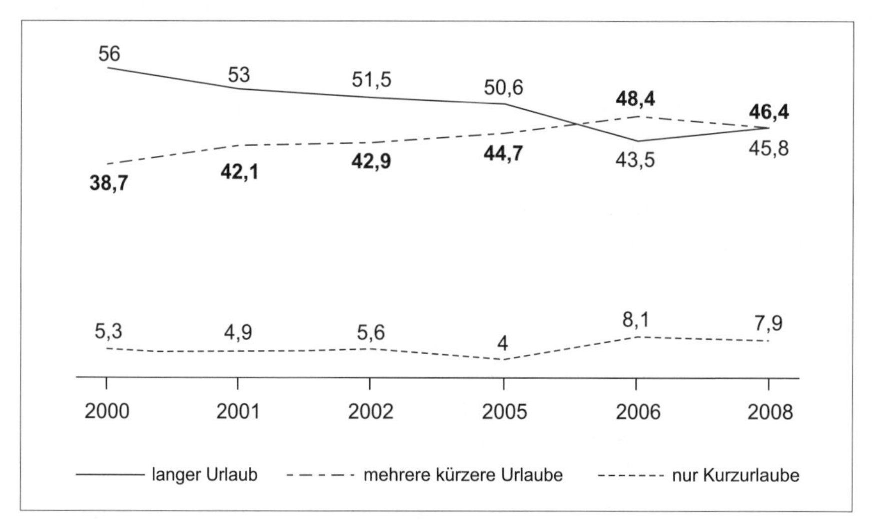

Quelle: ADAC Reise Monitor 2009 – www.media.adac.de

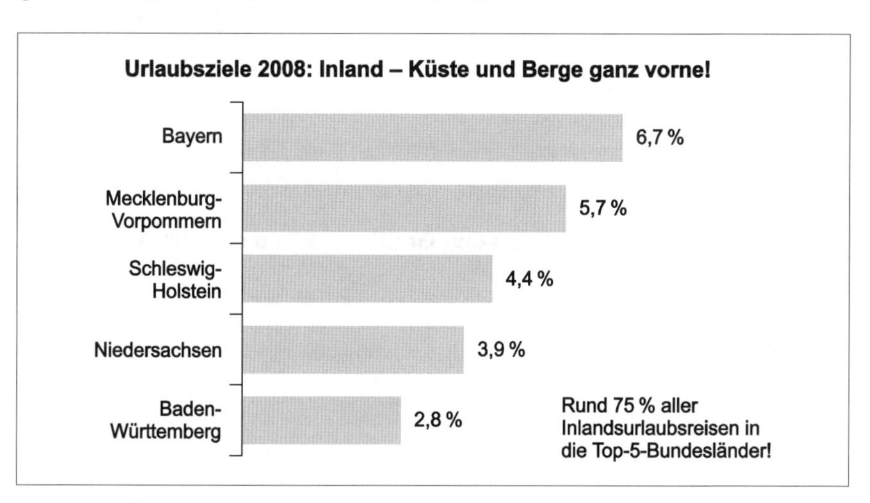

Quelle: ReiseAnalyse 2009, Basis: Urlaubsreisen 2008

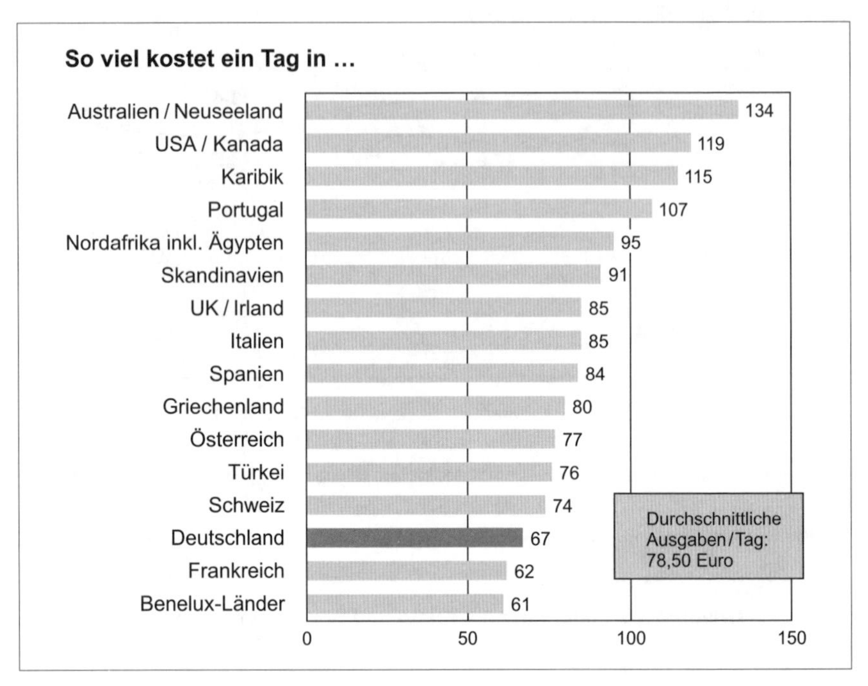

Quelle: 25. Deutsche Tourismusanalyse vom 4. 2. 2009; Forschung aktuell 216.

Lesekompetenz – Aufgaben zu den Grafiken „Wie die Deutschen reisen“

Punkte

301 In einer Grafik werden die Motive der Deutschen genannt, in den Urlaub zu fahren. Notieren Sie die drei wichtigsten. 1

___

302 In welches Bundesland reisen die Deutschen am liebsten? 1

___

303 Wie viel kostet in Deutschland ein Urlaubstag? 1

___

304 Notieren Sie, ob die Kosten für einen Urlaubstag in Deutschland über- oder unterdurchschnittlich sind. 1

___

305 Welche Art des Urlaubs unterliegt bis 2005 einem stetigen Anstieg? 1

- ☐ ein langer Urlaub
- ☐ mehrere lange Urlaube
- ☐ mehrere kürzere Urlaube
- ☐ nur Kurzurlaube

306 In einer Grafik heißt es: „So viel Euro kostet ein Tag in …“. Welche Kosten sind damit gemeint? Notieren Sie zwei Beispiele aus Ihrem Alltagswissen.

a) ______________________________ 1

b) ______________________________ 1

307 Die Grafiken treffen Aussagen über verschiedene Bereiche zum Reiseverhalten der Deutschen. 2

a) Aussagen zu den Bereichen: ☐	b) Aussagen zu den Bereichen: ☐
– Beliebtheitsgrad der Bundesländer – Transportmittel – anfallende Kosten	– Gründe für die Urlaubsreise – beliebteste Reiseländer – Transportmittel
c) Aussagen zu den Bereichen: ☐	d) Aussagen zu den Bereichen: ☐
– Dauer des Urlaubs – anfallende Kosten – Gründe für die Urlaubsreise	– anfallende Kosten – Gründe für die Urlaubsreise – beliebteste Reiseländer

308 Unterstreichen Sie die Formen grafischer Darstellung, die für die vorliegenden Grafiken gewählt wurden. 1

Balkendiagramm	Tabelle	Kreisdiagramm
geografische Karte	Kurvendiagramm	

309 Notieren Sie einen Grund aus Ihrem Alltagswissen, weshalb eine Reise nach Australien oder in die USA so viel teurer ist als nach Österreich. 1

___

310 Sie möchten eine Auslandsreise machen und haben in Ihrer Urlaubskasse ein Budget von 70 Euro pro Tag vorgesehen. Wählen Sie ein Land aus, in das Sie reisen könnten. 1

___

311 Betrachten Sie den Entwicklungsverlauf eines langen Urlaubs im Vergleich zu mehreren kürzeren Urlauben im Zeitraum von 2000 bis 2005. Formulieren Sie dazu eine zutreffende Aussage. 2

___

Lesekompetenz gesamt **14**

4 Schreibkompetenz – Überarbeiten eines Schülertextes

Die Schüler der Klasse 10 a sollten im Deutschunterricht eine Beschreibung von Johnny Depp als Captain Jack Sparrow schreiben. Leider gibt es im folgenden Text einige Fehler, die überarbeitet werden müssen.
Verbessern Sie nur den jeweiligen Rechtschreib-, Zeichensetzungs-, Grammatik- und Ausdrucksfehler, wobei die Grammatikfehler unterschiedlicher Art sein können, z. B. Fehler in der Lexik, beim Kasus usw. (Keine Sätze abschreiben!)

	Text		Punkte
481	**Filmkritick**	R: ______	1
482	Johnny Depp als Captain Sparrow ist ein Schauspieler beim „Fluch der Karibik".	Gr (Präposition): ______ ______	1
483	Der Typ, den ihr seht, ist ein berühmter Star in Hollywood.	A: ______	1
484	Jeder, der ihn kennt, weiß, das er geschminkte braune Augen hat.	Gr (Konjunktion): ______	1
485	Der blausielbrige Eyeliner mit dunkelbraunem Lidschatten erzeugt einen schönen Kellerlocheffekt um die Augen.	______	1
486	Auf sein Kopf hat er geflochtene schwarzbraune Rastahaare mit Schmuckkettchen.	Gr (Kasus): ______	1
487	Ausserdem trägt er ein rotes Piratenkopftuch.	R: ______	1

488	Die Augenbrauen sind dunkel, man kann sie unter dem Kopftuch gerade noch hervorsehen.	Gr (Lexik): ______	1
489	Um seine Hüfte hat er eine Bauchbinde gestriffen.	Gr (Lexik): ______	1
490	An den Fingern trägt er fette Ringe und darüber Armbänder am Handgelenk.	A: ______	1
491	Sein ovales Gesicht ist ziehmlich stark gebräunt und seine Nase ist schmal, der Mund ausdrucksvoll.	R: ______	1
492	In seiner Rolle als Pirat wirkt Johnny Depp sicher als Traumtyp, gar nicht brutal aber trotzdem wild und abenteuerlustig.	Z: Verbessern Sie im Text!	1
		Schreibkompetenz gesamt	**12**

5 Schreibkompetenz – Planung eines Textes: Erstellen eines Schreibplans

Die Selbstdarstellung im Internet gewinnt für Jugendliche immer größere Bedeutung.

Erörtern Sie die Vor- und Nachteile, die das Einstellen persönlicher Inhalte ins Internet mit sich bringt.

- Lesen Sie zunächst die Argumente und Belege. (Achtung! Argumente und Belege sind noch nicht nach Zusammengehörigkeit geordnet!)
- Entscheiden Sie sich anschließend für eine eigene Position.

Argumente:

1. Das Internet ermöglicht die weltweite Verbreitung eigener Talentvideos.
2. Die Weitergabe einiger persönlicher Daten ist sowieso unumgänglich.

3. Das Internet kann ein „Karrierekiller" sein.
4. Persönliche Daten können von Fremden missbraucht werden.

5. Das Internet „vergisst" nichts.
6. Persönliche Beziehungen können aufgrund der eigenen Selbstdarstellung gestört werden.

7. Es gibt Möglichkeiten, persönliche Daten im Internet zu schützen.
8. Man kann sehr viele Kontakte knüpfen und sich vernetzen.

Belege:

a) Plattenfirmen suchen neue Talente im Internet.
b) Unter deinem Namen werden bei eBay Geschäfte getätigt.
c) Bei Online-Käufen muss man z. B. Namen und Adresse angeben.

d) Enge Freunde wenden sich ab, nachdem sie deine Videos auf YouTube gesehen haben.

e) Man kann ins Internet gestellte Fotos durch die Vergabe von Passwörtern ausschließlich Freunden zugänglich machen.
f) Scheinbar gelöschte Daten können wiederhergestellt werden.
g) Arbeitgeber informieren sich zunehmend bei Schüler-VZ und finden unseriöse Fotos.

h) Berufliche und private Beziehungen können gepflegt und erweitert werden.

Aufgabe:

1. Vervollständigen Sie das nachstehende Gliederungsraster. Gehen Sie dabei wie folgt vor:
   a) Wählen Sie aus den vorgegebenen Argumenten jeweils zwei Pro- und zwei Kontra-Argumente aus.
   b) Stützen Sie Ihre Argumente mit jeweils einem der genannten Belege.
   c) Ergänzen Sie stichwortartig Ihre Überlegungen für Einleitung und Schluss, wobei der Schluss Ihre persönliche Meinung widerspiegeln soll.

Gliederungsraster:

	1. Einleitung		
	1. Einleitung		
581	Bezug zum Thema		2
582	Persönliche Erfahrungen oder aktueller Anlass		2
	2. Hauptteil		
	2.1 These	Das Einstellen persönlicher Inhalte eröffnet Chancen und ist unbedenklich.	
583	2.1.1 Argument	•	1
584	Beleg	•	1
585	2.1.2 Argument	•	1
586	Beleg	•	1

	2.2 Gegenthese	Das Einstellen persönlicher Inhalte ist riskant.	
587	2.2.1 Argument	•	1
588	Beleg	•	1
589	2.2.2 Argument	•	1
590	Beleg	•	1
	3. Schluss		
	3. Schluss		
591	Fazit		2
592	eigene Positionierung/ Ausblick		2
		Schreibkompetenz gesamt	**16**

6 Schreibkompetenz – Umsetzung eines Schreibplans: Verfassen einer Erörterung

Verfassen Sie eine Erörterung gemäß Ihrer Gliederung in Aufgabe 5.

681	Einhaltung der Gliederung	4
682	Schreibfunktion	3
683	Originalität/Einfallsreichtum	3
684	Sprachliche Darstellungsleistung	4
685	Sprachliche Korrektheit (Grammatik)	3
686	Sprachliche Korrektheit (Rechtschreibung/Zeichensetzung)	3
687	Leserfreundliche Form (Übersichtlichkeit/Schriftbild)	2
	Schreibkompetenz	**22**

1 Der wahre Entdecker Amerikas *(Kerstin Viering)*

Lesekompetenz – Aufgaben zu Text 1 „Der wahre Entdecker Amerikas"

101

Alexander von Humboldt	
a) Geburtsdatum	14. September 1769
b) Vater	(preußischer Offizier) Alexander Georg (von Humboldt)
c) Mutter	Marie Elisabeth (von Humboldt)
d) Geschwister	Wilhelm (von Humboldt)
e) Wohnsitz der Familie	Schloss Tegel, Berlin
f) Studium I	Kameralistik (an der Universität in Frankfurt an der Oder)
g) Studium II	Chemie und Physik (an der Universität Göttingen)
h) Studium III	Schnellstudium an der Bergakademie (in Freiberg)

Hinweis: *Du findest die richtigen Antworten im Text: a) Z. 9/10, b) Z. 6, c) Z. 6/7, d) Z. 9, e) Z. 7/8, f) Z. 12/13, g) Z. 16, h) Z. 24.*
Der Umfang der Antworten kann unterschiedlich sein, der Teil in den Klammern ist nicht unbedingt notwendig.

102 Der zwei Jahre ältere Bruder Wilhelm galt als talentierter.

Hinweis: *Du findest die richtige Antwort in Z. 8–10.*

103

Jahreszahl	Station im Lebenslauf Humboldts
a) 1789	Alexander wechselt an die Universität Göttingen, um Chemie und Physik zu studieren. *oder:* Er unternimmt eine erste Forschungsreise nach England. *oder:* Er besucht das von der Revolution 1789 bewegte Paris, was ihn sehr beeindruckt.

b) 1799	Alexander sticht in Spanien in See. *oder:* Alexander reist nach Venezuela.
c) 1827	Alexander kehrt nach Berlin zurück.

Hinweis: *Du findest die richtigen Antworten im Text. Zum Teil sind mehrere Antworten richtig. a) Z. 15/16 oder 19/20 oder 20–22, b) Z. 38–40 oder 41/42, c) Z. 68/69.*

104

a) Ländergruppe 1 ☐	b) Ländergruppe 2 ☐	c) Ländergruppe 3 ☒	d) Ländergruppe 4 ☐
China Griechenland Kuba	China Südamerika Sibirien	Sibirien Kuba Südamerika	England Italien Griechenland

Hinweis: *Im Text werden mehrere Länder genannt, in die er reist. Unterstreiche diese. Du wirst feststellen, dass nur die in Antwort c) angegebenen Länder alle genannt werden. Sibirien in Z. 70/71, Kuba in Z. 58 und Südamerika in Z. 32. Außerdem gibt es im Text keine Hinweise, dass Alexander in China bzw. Griechenland war.*

105 ☒ große Teile Mittel- und Südamerikas

Hinweis: *Du findest die richtige Antwort in Z. 31/32.*

106 Seine Mutter war 1796 gestorben. Er finanzierte die Reise mit seinem Erbe.

Hinweis: *Du findest die richtige Antwort in Z. 29–31.*

107 Die Reise dauerte 75 Tage, da man damals mit Segelbooten unterwegs war. Es kam auf die Windverhältnisse an, wie schnell die Schiffe unterwegs waren.

oder: Es gab noch keine Motorboote oder Flugzeuge.

Hinweis: *Es gibt verschiedene Antwortmöglichkeiten. Denke darüber nach, wie man im Jahr 1799 lebte. Der elektrische Strom war noch nicht erfunden. Es gab noch keine Motoren, um Schiffe anzutreiben, und auch noch keine Flugzeuge. Möglicherweise hast du dich in deiner Antwort auf den Textabschnitt Zeile 47–50 bezogen, da dort die Angabe „75 Tage" geschrieben steht. Diese Antworten werden auch als richtig bewertet.*

108

		richtig	falsch
a)	die dort lebenden Völker zu unterwerfen.	☐	☒
b)	die Pflanzen- und Tierwelt zu erkunden.	☒	☐
c)	das Land zu vermessen und geografische Daten zu erhalten.	☒	☐
d)	neue Rohstoffquellen in Besitz zu nehmen.	☐	☒
e)	Handelsbeziehungen aufzubauen.	☐	☒

***Hinweis:** Es gibt im Text nur Hinweise auf die Antworten b) (Z. 66/67 bzw. 53) und c) (Z. 46–51 bzw. 66). Dafür sprechen auch die Angaben ab Zeile 70: sein wissenschaftlicher Ruhm und seine Popularität, eine Meeresströmung, Berge und Flüsse, Tiere und Pflanzen, die nach ihm benannt wurden.*

109 Alexander von Humboldt hat Amerika nicht selbst entdeckt, aber die Geografie und Biologie des Kontinents erforscht. Dabei hat er vieles herausgefunden, was man über Amerika noch nicht wusste. Diese Erkenntnisse hat er in umfangreichen Büchern ausgewertet.

***Hinweis:** Mit dieser Formulierung wird darauf Bezug genommen, dass Christopher Kolumbus Amerika als Kontinent entdeckt hat. Hier sollst du begründen, wieso Alexander von Humboldt als „wahrer Entdecker Amerikas“ bezeichnet wird. Du findest diese Bezeichnung in der Überschrift und im letzten Abschnitt (Z. 75/76). Seine „Wohltaten“ (vgl. Z. 74) für Amerika werden ab Z. 46 genannt. In deiner Antwort muss deutlich werden, dass er den Kontinent als Erster erforscht hat, auch wenn er ihn nicht als Erster betreten hat.*

110 Mögliche Gefahrenquellen waren:

- Moskitos
- einseitige Ernährung
- Trinken von Flusswasser

***Hinweis:** Du findest mehrere Antworten in Z. 52–55.*

111 Er erfand eine Gasmaske, mit der sich Bergarbeiter gegen giftige Grubengase schützen konnten.

***Hinweis:** Du findest die richtige Antwort in Z. 27/28.*

112 Es ging Humboldt nicht um die Eroberung und Ausbeutung von Amerikas Kultur- und Bodenschätzen und die Unterwerfung der Bevölkerung wie anderen Eroberern, sondern um die Erforschung.

Hinweis: *In deiner Antwort soll deutlich werden, dass Humboldt weder Ausbeutung noch Unterwerfung zum Ziel hatte.*

Sprachwissen und Sprachbewusstsein – Aufgaben zu Text 1

151 Charles Darwin nannte ihn den größten reisenden Wissenschaftler.

Hinweis: *Du erkennst einen Hauptsatz an der Stellung des gebeugten/finiten Verbs direkt neben dem Subjekt. Das Subjekt ist hier „Charles Darwin". „Der Vater der Evolutionstheorie" ist eine nachgestellte nähere Bestimmung und „der jemals gelebt hat" ist ein Nebensatz.*

152 begabt *oder* fähig

Hinweis: *Überlege, wie jemand genannt wird, der ein Talent hat. Achte darauf, dass es sich um ein Adjektiv handelt und auch stilistisch passt.*

153 Humboldt und der französische Botaniker Aimé Bonpland

Hinweis: *Den Satzgegenstand (Subjekt) ermittelst du mithilfe der Frage „Wer oder Was? (stachen erst am 5. Juni 1799 in der spanischen Hafenstadt La Coruna an Bord der Pizzaro in See?)". Die Zahl des Subjekts stimmt mit der Zahl des Prädikats überein. Das Prädikat „stachen" verdeutlicht mit seiner Plural-/Mehrzahlendung, dass es sich um mehrere Personen handelt.*

154 etwas beenden *oder* etwas abschließen

155

	Tempus
a) Und auch andere Zeitgenossen überboten einander mit Lobeshymnen auf den Forscher. (Z. 3 – 4)	Präteritum
b) Im Berliner Schloss Tegel […] hatten die größeren Hoffnungen immer auf seinem zwei Jahre älteren Bruder Wilhelm geruht. (Z. 7–9)	Plusquamperfekt
c) Alexander von Humboldt hat Amerika mehr Wohltaten erwiesen als seine Eroberer, […] (Z. 73–74)	Perfekt

156 Das Plusquamperfekt wird verwendet, um aus dem Präteritum auf ein Ereignis zu verweisen, das zeitlich noch vorher stattgefunden hat. Als er den Naturforscher Georg Forster kennenlernte (= Präteritum), war dieser bereits in der Vorvergangenheit mit James Cook um die Welt gesegelt (= Plusquamperfekt).

157

	Nummer
„Wie die Narren laufen wir jetzt umher; …" (Z. 43–45)	1) Vergleich

Hinweis: *Hier wird das Verhalten von Forschern mit etwas verglichen, das aus einem ganz anderen Bereich kommt: dem Verhalten von Narren. Von Forschern nimmt man an, dass sie systematisch und gut durchdacht tätig sind, während man von Narren eher annimmt, dass sie tätig sind, ohne vorher darüber nachzudenken. Die „Gelenkstelle" für den Vergleich ist hier das „wie".*

158 ☒ temporaler Nebensatz

Hinweis: *Im Nebensatz wird etwas ausgesagt, was einen zeitlichen Bezug zum Hauptsatz hat: Die Forscher hockten beengt zwischen Messgeräten und Käfigen voller gefangener Vögel und Affen und wurden außerdem zur gleichen Zeit von Moskitos angegriffen.*

159

a) Mit Forster	(Präpositionales) Objekt
b) unternahm	Prädikat
c) Humboldt	Subjekt
d) seine erste Forschungsreise	Akkusativobjekt
e) nach England.	Adverbiale Bestimmung (des Ortes)

Hinweis: *a) Frage „mit wem? …";*
b) finites Verb, stimmt in Person und Zahl mit dem Subjekt überein;
c) Frage: „Wer oder was unternahm mit Forster seine erste Forschungsreise nach England?";
d) Frage: „Wen oder was unternahm Humboldt mit Forster nach England?";
e) Frage: „Wohin unternahm Humboldt mit Forster seine erste Forschungsreise?".

160 Simón Bolívar urteilte, Alexander von Humboldt habe Amerika mehr Wohltaten erwiesen als alle seine Eroberer.

Hinweis: *Der Konjunktiv I wird vom Präsens des Hilfsverbs gebildet: er hat erwiesen → er habe erwiesen.*

161 Naturforscher *oder* Forschungsreise

Hinweis: *Naturforscher = die Natur + der Forscher*
Forschungsreise = die Forschung + die Reise

162 Adjektive verschiedenen Grades werden nicht durch ein Komma voneinander getrennt.

Hinweis: *Das Adjektiv „reisender" bezieht sich auf das Nomen „Wissenschaftler". Das Adjektiv „größter" bezieht sich auf die Verbindung „reisender Wissenschaftler".*

163 Die Tropenwelt ist mein Element, und ich bin nie so ununterbrochen gesund gewesen wie in den letzten zwei Jahren.

Hinweis: *Die Konjunktionen „wie" und „als" verwendet man beim Vergleichen. Wird etwas verglichen, was auf derselben Stufe – also gleich – ist, verwendet man „wie". Wird etwas verglichen, was nicht auf der gleichen Stufe – also ungleich – ist, verwendet man „als" und den Komparativ. Beispiel: so gesund wie in den letzten beiden Jahren ↔ gesünder als in den Jahren davor.*

2 Die Vermessung der Welt *(Daniel Kehlmann)*

Lesekompetenz – Aufgaben zu Text 2 „Die Vermessung der Welt"

201 Humboldt untersucht die Farbe des Himmels.

Hinweis: *Hier sind viele verschiedene Antworten möglich. Achte darauf, dass es ein gegenständliches Beispiel aus dem Text ist: Falsch wäre „alles […], was nicht Füße und Angst genug hatte, ihm davonzulaufen" (Z. 1–2), denn das ist nicht konkret.*

202 [X] an allen Dingen, die er vorfindet, ein Forschungsinteresse entwickelt.

Hinweis: *Du kannst die ersten drei Antworten ausschließen, da im Text steht, dass Humboldt die Farbe des Himmels und die Blitze untersucht hat. Beide sind sehr schnell veränderlich, halten nicht still (1), sind keine Lebewesen (2), keine Pflanzen oder Gesteine (3).*

203

		richtig	falsch
a)	Die freigelassenen Sklaven folgen Humboldt wortlos.	☐	[X]
b)	Humboldt erwartet wissbegierig ein neues Erdbeben.	[X]	☐
c)	Humboldt ist sehr erschrocken über den Unfall im Fluss.	☐	[X]
d)	Humboldt sprengt Tunnel in den Fels.	☐	[X]
e)	In der Mission werden Humboldt und seine Gefährten freundlich begrüßt.	[X]	☐

Hinweis: *Du findest die richtigen Antworten im Text:*
a) Z. 27–37: „[…] ließ ihnen die Ketten abnehmen, […] Sie seien jetzt frei, […] sie könnten gehen. […] Einer setzte sich auf den Boden […] und rührte sich nicht mehr, […] waren die drei verschwunden. […] tauchten nie mehr auf […]“
b) Z. 9–11
c) Dazu gibt es keine Aussage, aber aus Humboldts prompter Reaktion (er fängt den Verletzten auf – Z. 20) erkennst du, dass er gelassen war.
d) Z. 58/59: „Humboldt schlug Gesteinsproben aus dem Fels“, von Sprengungen steht nichts im Text.
e) Z. 44

204 Humboldt empfand den Sklavenhandel als unmenschlich und wollte den drei Menschen ihre Freiheit wiedergeben.

Hinweis: *Hier ist Dein Allgemeinwissen gefragt. Überlege, wie sich ein Sklave gefühlt hat. Er hatte keine Rechte und wurde behandelt wie Vieh. Die Beschreibung des Menschenhandels in Zeile 22–25 verdeutlicht die Situation sehr genau. Humboldt wollte die Situation für die drei Männer verbessern und sicherlich auch für die Einheimischen verdeutlichen, dass er als fortschrittlicher Europäer den Menschenhandel nicht gutheißt.*

205

	richtig	falsch
a) wollen Geld von Humboldt haben.	☐	☒
b) sind dankbar und erleichtert.	☐	☒
c) wissen nicht, wohin sie gehen sollen.	☒	☐
d) wollen bei Humboldt bleiben.	☐	☒
e) sind überrascht und misstrauisch.	☒	☐

***Hinweis:** Du findest die richtigen Antworten im Text:*
a) Z. 30/31
b) Es gibt keinen Hinweis auf Dankbarkeit und Erleichterung.
c) Z. 29
d) Es gibt keinen Hinweis, dass sie bei Humboldt bleiben wollen.
e) Z. 29–35

206

	richtig	falsch
a) Plänen mit Unverständnis begegnet.	☒	☐
b) Plänen misstraut.	☒	☐
c) Pläne für undurchführbar hält.	☐	☒
d) Pläne sabotieren will.	☐	☒

***Hinweis:** Überlege dir, wie sich die wenigen Reisenden bisher im neu entdeckten Amerika verhalten haben und was sie in Amerika wollten: das Land einnehmen und kulturelle oder materielle Schätze an sich nehmen. Deshalb sind die Mönche ganz überrascht, dass Humboldt aus idealistischen Gründen diese weite und gefährliche Reise macht.*

207 Hier schreien Vögel.

***Hinweis:** Du findest die richtige Antwort in Z. 55.*

208 Der Führer will nicht weitergehen, da hier das Totenreich beginnt und er davor Angst hat.

***Hinweis:** Der Führer nennt drei Antworten, davon ist die erste (Beginn des Totenreiches) die entscheidende.*

209

		richtig	falsch
a)	Wo viel Licht ist, ist auch viel Schatten.	☐	☒
b)	Jemanden hinters Licht führen.	☐	☒
c)	Licht ins Dunkel bringen.	☒	☐
d)	Jemandem grünes Licht geben.	☐	☒
e)	Jemandem geht ein Licht auf.	☒	☐

Hinweis:
a) Diese Redewendung bezieht sich auf die enge Verbindung zwischen Gut und Böse; b) Diese Redewendung bezieht sich auf das Lügen; c) Diese Redewendung verdeutlicht, dass etwas, was dunkel und unbekannt ist, durch den Einsatz von Licht klar und deutlich wird. Dadurch kann man etwas erkennen und darüber Wissen erlangen; d) Diese Redewendung bezieht sich auf den Beginn einer Aktion. Bei der grünen Ampelphase darf man gehen bzw. fahren; e) Diese Redewendung verdeutlicht, dass jemand eben noch unwissend war („im Dunkeln tappen") und nun einen Sachverhalt klar sieht, als ob man ein Licht angemacht hätte.

210 ☒ Mönche

Hinweis: *Du findest die richtige Antwort in Z. 44 und in der Fußnote.*

211 Sie konnten 150 Fuß weit gehen.

Hinweis: *Du findest die richtige Antwort in Z. 52.*

212 <u>gleichgültig</u>, <u>überfordert</u>

213

		richtig	falsch
a)	sachlich berichtend	☐	☒
b)	ironisch distanziert	☒	☐
c)	stark beschönigend	☐	☒
d)	emotional betroffen	☐	☒

Hinweis: *Der Erzähler ist nicht sachlich (a), beschönigt nichts (c), ist aber auch nicht emotional betroffen (d). Allerdings lässt sich „ironisch distanziert" bestätigen, denn er „freut sich" aus Sicht des Forschers auf das Erdbeben und bezeichnet den Sklavenhandel als „Wirtschaftszweig", obwohl er ihn als menschenverachtend ablehnt.*

Sprachwissen und Sprachbewusstsein – Aufgaben zu Text 2

251

a) Bonpland gab drei Schüsse ab,	Hauptsatz
b) deren Hall vom Schreien übertönt wurde,	Nebensatz
c) und schon sammelte er zwei noch zuckende Körper ein.	Hauptsatz

Hinweis:
a) finites Verb (gab … ab = abgeben) an zweiter Stelle
b) finites Verb (wurde) an letzter Stelle
c) ein zweiter Hauptsatz, finites Verb (sammelte … ein) an zweiter Stelle (Konjunktion „und" wird nicht gezählt)

252

a) Futur I	er wird zurückkehren
b) Plusquamperfekt	er war zurückgekehrt
c) Präsens	er kehrt zurück

253 Konjunktiv

Hinweis: *Du erkennst den Konjunktiv an dem eingefügten „-e" im Präsensstamm.*

254 ☒ starren

Hinweis: *Lies dir den Abschnitt noch einmal durch, um den Zusammenhang besser erkennen zu können. Lies ihn dann noch einmal mit dem anderen Wort. Der Sinn darf sich nicht ändern.*

255

a) Humboldt	Substantiv/Nomen
b) presste	Verb
c) die	bestimmter Artikel
d) Hände	Substantiv/Nomen
e) auf	Präposition
f) seine	(Possessiv-) Pronomen
g) Ohren.	Substantiv/Nomen

Hinweis:
a) „Humboldt" ist ein Eigenname und gehört daher zu den Substantiven/Nomen; b) konjugierbar: 3. Person Singular, Präteritum; c) begleitet das Substantiv/Nomen; d) die Hand (Singular + Artikel), die Hände (Plural), die Händchen (Verkleinerung); e) Verhältniswort, wird nicht flektiert, verlangt den Akkusativ; f) besitzanzeigendes Fürwort, wird dekliniert; g) das Ohr (Singular + Artikel), die Ohren (Plural), die Öhrchen (Verkleinerung)

256 Teile des Textes geben fremde Rede wieder.
oder auch: Der Erzähler gibt Teile des Textes distanziert wieder.

Hinweis: *Lies dir den letzten Textabschnitt ab Z. 64 noch einmal durch und achte auf die Wirkung. Der Erzähler gibt den Dialog zwischen dem Führer und den Forschern wieder (fremde Rede – indirekt), aber so, als ob er nicht daneben steht (distanziert).*

3 Wie die Deutschen reisen

Lesekompetenz – Aufgaben zu den Grafiken „Wie die Deutschen reisen"

301 zur Ruhe kommen, Sonne/Wärme, Besichtigungen

Hinweis: *Die Informationen findest du in der ersten Grafik „Gründe in den Urlaub zu fahren […]". Die Reisemotive sind nach Beliebtheit angeordnet.*

302 Bayern

Hinweis: *Die Information findest du in der vierten Grafik „Urlaubsziele 2008: Inland […]". Die Bundesländer sind nach Beliebtheit angeordnet.*

303 Ein Urlaubstag in Deutschland kostet 67 Euro.

Hinweis: *Die Information findest du in der fünften Grafik „So viel kostet ein Tag in …". Deutschland findest du in der linken Spalte an drittletzter Stelle.*

304 Die Kosten für einen Urlaubstag sind in Deutschland unterdurchschnittlich.

Hinweis: *In der fünften Grafik findest du in der rechten unteren Ecke die Angabe zu den durchschnittlichen Ausgaben für einen Urlaubstag: 78,50 €. Diesen Wert vergleichst du mit dem Wert für Deutschland. Da er niedriger ist, sind die Ausgaben in Deutschland unter dem Durchschnitt.*

305 [X] mehrere kürzere Urlaube

Hinweis: *Die Information findest du in der dritten Grafik. Von den drei dargestellten Kurven zeigt bis 2005 nur die mittlere einen stetigen Anstieg. Anhand der Erklärung unterhalb der Grafik kannst du ablesen, dass es sich bei der mittleren Kurve um „mehrere kürzere Urlaube" handelt.*

306 a) Kosten für die Unterkunft
b) Fahrtkosten

Hinweis: *Überlege, wofür man im Urlaub zusätzliches Geld ausgibt.*

307

c) Aussagen zu den Bereichen: 
– Dauer des Urlaubs – anfallende Kosten – Gründe für die Urlaubsreise

Hinweis: *Die richtige Antwort ermittelst du durch Ausschlussverfahren. Es werden keine Angaben zu den Transportmitteln gemacht. Das schließt a und b aus. Es werden auch keine Angaben zu den beliebtesten Reiseländern (nicht Bundesländern) gemacht. Das schließt die Antworten b und d aus.*

308

Balkendiagramm	Tabelle	Kreisdiagramm
geografische Karte	Kurvendiagramm	

Hinweis: *Sieh dir die einzelnen Grafiken an und unterstreiche die zutreffenden Begriffe: Grafik 1, 4 und 5 sind Balkendiagramme, Grafik 2 ist ein Kreisdiagramm, Grafik 3 ist ein Kurvendiagramm.*

309 Während Österreich ein Nachbarland ist, sind Australien oder die USA sehr weit von Deutschland entfernt. Deshalb sind die Reisekosten viel höher.

310 Ich könnte nach Frankreich oder in die Benelux-Länder reisen.

Hinweis: *Du findest die Informationen in der fünften Grafik. Du brauchst nur ein Land zu nennen. Achtung, es soll eine Auslandsreise sein, daher wäre die Antwort „Deutschland" falsch.*

311 Im Zeitraum von 2000 bis 2005 stieg der Anteil mehrerer kürzerer Urlaube an, während der Anteil langer Urlaube fiel.

Hinweis: *Du findest die Information in der dritten Grafik.*

4 Schreibkompetenz – Überarbeiten eines Schülertextes

Nr.	Text	Korrektur
481	**Filmkritick**	R: *Filmkritik*
482	Johnny Depp als Captain Sparrow ist ein Schauspieler ~~beim~~ „Fluch der Karibik“.	Gr (Präposition): *in „Fluch der Karibik“.*
483	~~Der Typ~~, den ihr seht, ist ein berühmter Star in Hollywood.	A: *Der Schauspieler …*
484	Jeder, der ihn kennt, weiß, ~~das~~ er geschminkte braune Augen hat.	Gr (Konjunktion): *dass*
485	Der ~~blausielbrige~~ Eyeliner mit dunkelbraunem Lidschatten erzeugt einen schönen Kellerlocheffekt um die Augen.	*blausilbrige*
486	Auf ~~sein~~ Kopf hat er geflochtene schwarzbraune Rastahaare mit Schmuckkettchen.	Gr (Kasus): *Auf **seinem** Kopf …*
487	~~Ausserdem~~ trägt er ein rotes Piratenkopftuch.	R: *Außerdem*
488	Die Augenbrauen sind dunkel, man kann sie unter dem Kopftuch gerade noch ~~hervorsehen~~.	Gr (Lexik): *erkennen*
489	Um seine Hüfte hat er eine Bauchbinde ~~gestriffen~~.	Gr (Lexik): *gestreift*

490	An den Fingern trägt er ~~fette~~ Ringe und darüber Armbänder am Handgelenk.	A: protzige Ringe
491	Sein ovales Gesicht ist ~~ziehmlich~~ stark gebräunt und seine Nase ist schmal, der Mund ausdrucksvoll.	R: ziemlich
492	In seiner Rolle als Pirat wirkt Johnny Depp sicher als Traumtyp, gar nicht brutal, aber trotzdem wild und abenteuerlustig.	Z: Verbessern Sie im Text!

5 Schreibkompetenz – Planung eines Textes: Erstellen eines Schreibplans

Hinweis: *Kennzeichne als Vorarbeit die Argumente nach Pro- und Kontra-Argumenten (farbig oder durch + / –). Kennzeichne auch die Belege nach Pro und Kontra und ordne anschließend Argument und passenden Beleg einander zu: Pro: 1 a, 2 c, 7 e, 8 h und Kontra: 3 g, 4 b, 5 f, 6 d.*

	1. Einleitung		
	1.	Einleitung	
581		Bezug zum Thema	Internet als Plattform zur Selbstdarstellung
582		Persönliche Erfahrungen oder aktueller Anlass	Peinliche Erfahrungen von Freunden
	2. Hauptteil		
	2.1	These	Das Einstellen persönlicher Inhalte eröffnet Chancen und ist unbedenklich.
583	2.1.1	Argument	• Das Internet ermöglicht die weltweite Verbreitung eigener Talentvideos.
584		Beleg	• Plattenfirmen suchen neue Talente im Internet.
585	2.1.2	Argument	• Man kann sehr viele Kontakte knüpfen und sich vernetzen.

586	Beleg	• Berufliche und private Beziehungen können gepflegt und erweitert werden.
	2.2 Gegenthese	Das Einstellen persönlicher Inhalte ist riskant.
587	2.2.1 Argument	• Das Internet kann ein „Karrierekiller“ sein.
588	Beleg	• Arbeitgeber informieren sich bei Schüler-VZ und finden unseriöse Fotos.
589	2.2.2 Argument	• Persönliche Daten können von Fremden missbraucht werden.
590	Beleg	• Unter deinem Namen werden bei eBay Geschäfte getätigt.
		3. Schluss
	3. Schluss	
591	Fazit	Risiken unbestritten, aber beherrschbar
592	eigene Positionierung/ Ausblick	persönliche Daten und Fotos ausreichend schützen

6 Schreibkompetenz – Umsetzung eines Schreibplanes: Verfassen einer Erörterung

Hinweis: *Schreibe nun eine Erörterung mithilfe des Schreibplans von Aufgabe 5. Achte darauf, die Argumente geschickt miteinander zu verknüpfen. Manche der vorgeschlagenen Argumente und Belege kannst du konkretisieren, damit deine Argumentation schlüssiger wird. Achte aber darauf, die Gliederung beizubehalten.*

Die Selbstdarstellung im Internet gewinnt für Jugendliche immer größere Bedeutung

Immer mehr Jugendliche nutzen das Internet zur Selbstdarstellung, indem sie Fotos oder Videos von sich selbst, ihren Hobbys oder Freunden auf Seiten von Internetportalen zeigen. Die bereits bereisten Urlaubsländer werden ebenso präsentiert wie die dazu passenden Bikini-Bilder, und natürlich dürfen auch Erinnerungsfotos an die letzte Party mit Freunden nicht fehlen. Gerade in dieser Kategorie jedoch bin ich bei Freunden oder Bekannten schon auf manches peinliche Bild gestoßen, das ich im Normalfall nicht herzeigen würde, ganz davon zu schweigen, es öffentlich zu machen. Scheinbar ist jedoch nicht jedem bewusst, dass die Selbstdarstellung im Internet nicht nur positive Seiten hat.

Natürlich ist es richtig, dass das Einstellen persönlicher Inhalte große Vorteile und sogar Chancen bietet.

So ermöglicht das Internet die weltweite Verbreitung eigener Talentvideos. Dadurch können Plattenfirmen begabte Unbekannte im Internet finden und deren Karriere fördern. Nicht wenige Hobbymusiker haben es durch die Veröffentlichung im Netz bereits zu einer gewissen Berühmtheit und Erfolg gebracht, ein Beispiel ist die Band „Uwu Lena“, die mit ihrem Song schließlich sogar in den Charts gelandet ist.

Für die meisten Nutzer steht jedoch im Vordergrund, dass man durch die öffentliche Darstellung der eigenen Person im Internet sehr viele Kontakte knüpfen und sich mit Gleichgesinnten vernetzen kann. Entfernungen spielen keine Rolle mehr, wenn man über Facebook mit der Urlaubsbekanntschaft aus den USA chatten kann. Und wie praktisch ist es, wenn man beispielsweise Fremde kontaktieren kann, die in der Firma arbeiten, bei der man sich bewerben möchte. Durch diese Netzwerke können vor allem private, aber auch berufliche Beziehungen gepflegt und der Bekanntenkreis kann erweitert werden.

Auf der anderen Seite gibt es jedoch immer wieder Warnungen, dass das Einstellen persönlicher Inhalte, wie es zum Zweck der Selbstdarstellung tausendfach geschieht, riskant und sogar gefährlich ist.

Denn die Internetpräsenz kann ebenso ein „Karrierekiller“ sein. Auch Personalchefs und Arbeitgeber informieren sich zunehmend über Bewerber im Internet. Finden sich dort unseriöse Fotos oder ist der Bewerber Mitglied einer Gruppe wie „Faul und betrunken, aber lustig“, sinkt die Chance auf einen Arbeitsvertrag enorm.

Im schlimmsten Fall kann es passieren, dass bei zu wenig Vorsicht leicht zugängliche persönliche Daten von Fremden missbraucht werden. Dann werden unter falschem Namen bei eBay oder anderen Anbietern Geschäfte getätigt, für die man später zahlen muss.

Betrachtet man diese Punkte kritisch, so kann zusammenfassend gesagt werden, dass die Selbstdarstellung im Internet mit verschiedenen Risiken verbunden ist, die man jedoch mit einer gewissen Vorsicht beherrschen kann. Ich finde es wichtig, meine Passwörter und persönlichen Daten zu schützen bzw. peinliche Details gar nicht erst zu veröffentlichen. Auf diese Weise kann man in der Regel die positiven Seiten von Online-Netzwerken ohne Reue nutzen.

Ihre Meinung ist uns wichtig!

Ihre Anregungen sind uns immer willkommen. Bitte informieren Sie uns mit diesem Schein über Ihre Verbesserungsvorschläge!

Titel-Nr.	Seite	Vorschlag

Bitte hier abtrennen

Bitte hier abtrennen

Zutreffendes bitte ankreuzen!

Die Absenderin/der Absender ist:

- ☐ Lehrer/in in den Klassenstufen: ____
- ☐ Fachbetreuer/in
  Fächer: ____
- ☐ Seminarlehrer/in
  Fächer: ____
- ☐ Regierungsfachberater/in
  Fächer: ____
- ☐ Oberstufenbetreuer/in
- ☐ Schulleiter/in
- ☐ Referendar/in, Termin 2. Staatsexamen: ____
- ☐ Leiter/in Lehrerbibliothek
- ☐ Leiter/in Schülerbibliothek
- ☐ Sekretariat
- ☐ Eltern
- ☐ Schüler/in, Klasse: ____
- ☐ Sonstiges: ____

Unterrichtsfächer: (Bei Lehrkräften!)

____

STARK Verlag
Postfach 1852
85318 Freising

20-V211

Bitte ausfüllen und im frankierten Umschlag an uns einsenden. Für Fensterkuverts geeignet.

Kennen Sie Ihre Kundennummer?
Bitte hier eintragen.

Absender (Bitte in Druckbuchstaben!)

Name/Vorname

Straße/Nr.

PLZ/Ort/Ortsteil

Telefon privat

Geburtsjahr

E-Mail

Schule/Schulstempel (Bitte immer angeben!)

(Bitte blättern Sie um)